本项目研究由北京王府公益基金会提供部分资金支持

深度学习教学改进丛书

教育部基础教育课程教材发展中心
课程教材研究所 组织编写

田慧生 主编
刘月霞 副主编

深度学习：走向核心素养
（理论普及读本）

刘月霞 郭华 主编

教育科学出版社
·北京·

丛书编委会

主 任：田慧生

副主任：刘月霞　张国华　莫景祺　陈云龙

委 员（按姓氏笔画排序）：

马云鹏　王　健　王云峰　支　瑶　刘　莹
刘卫红　刘晓玫　齐渝华　闫寒冰　李　广
李春密　吴正宪　何成刚　张　晓　张铁道
罗　滨　郑　葳　胡久华　郭　华

丛书序

党的十八大明确提出"把立德树人作为教育的根本任务"。2014年3月,《教育部关于全面深化课程改革 落实立德树人根本任务的意见》强调把课程改革作为落实立德树人根本任务的一个重要抓手和突破口,并首次提出要研究制订学生发展核心素养体系,把核心素养落实到各学科教学中。党的十九大进一步强调"落实立德树人根本任务,发展素质教育"。2017年12月,教育部印发了新修订的普通高中课程方案和各学科课程标准,把党的教育方针中关于学生德智体美全面发展的总体要求具体化、细化为学生发展核心素养;各学科结合学生发展核心素养的要求和学科特点,进一步凝练出学科核心素养,并把学科核心素养作为确定课程目标、遴选教学内容、设计教学活动的主要依据。

为全面深化课程改革,落实立德树人根本任务,从2014年9月起,教育部基础教育课程教材发展中心(简称"中心")组织专家团队,在借鉴国外相关研究成果和总结我国课程教学改革经验的基础上,着手研究开发"深度学习"教学改进项目,将其作为深化基础教育课程改革的重要抓手和落实学生发展核心素养及各学科课程标准的实践途径。我们希望通过"深度学习"教学改进项目的实施,推动课堂教学关系的深度调整和人才培养模式的重大变革,引领教学理念、教学方式、评价体系、教学组织管理制度等全方位的变革。

该项目旨在通过改进教育教学，指导学生进行深度学习。同时，我们将项目研究定位为行动研究。参与项目研究的全体人员既是研究者，又是实践者，大家针对课程教学改革中的重点和难点问题，边研究、边实验、边解决问题。项目在实施过程中，始终坚持理论与实践相结合。一是坚持研究先行，成立了由高校专家、教研员、校长和骨干教师组成的项目研究组，对深度学习的基本理论和实践模型进行研究，提出了基本理论框架；同时，依据基本理论框架，构建实践模型，指导教师围绕教学设计和教学实践开展研究与实验工作，鼓励教师整理积累教学设计案例，进一步验证和丰富深度学习的基本理论。二是坚持实验为重，设立了实验区和实验校，先行在北京、重庆、广东、四川、江苏、山东、浙江、河南等地的15个实验区的90多所实验学校开展实验，上千名教研人员、实验学校校长及骨干教师参与了研究和实验。北京市海淀区作为项目实验示范区，先行先试，为其他实验区提供经验、案例和培训人员，通过示范引领，实现项目的有效推进。4年来，各实验区教师创造和积累了数百个教学实践案例。三是坚持集中研修与个别指导相结合。定期召开项目研修班、实施交流会，搭建网络交流平台和开展网络研修活动；组织项目组专家赴实验区指导，推动项目研究与实验持续发展。4年来，先后组织专家200余人次赴实验区进行实地指导。专家们参与集体研修和交流，开展网络在线研修，实地指导实验人员达 6000 余人次，大大提高了教师的教育教学能力和水平，有力地推动了实验区教研质量的提升和教学改革的开展，受到了区域、学校和教师的广泛好评。有一位参加实验的教师在培训心得中这样写道："自区域开展'深度学习'教学改进项目以来，我一直都是参与者和实践者。在参与的过程中，我的教育思想和教育行为都发生了比较大的变化。例如，每次我在设计教学的时候，都会首先考虑我的学生能从课堂中学会什么，以及如何设计活动让他们把在课堂中学到的东西用于生活实际……"

经过 4 年的研究与实验，项目取得了阶段性成果。一些成果陆续在《课程·教材·教法》《中国教育报》《基础教育课程》等报刊上发表，引起了教育界的广泛关注。为了进一步总结各地的实验经验和研究成果，为广大教研员和教师提供落实学生发展核心素养的脚手架，中心决定在总结项目研究成果的基础上，出版"深度学习教学改进丛书"，包括理论普及读本、学科教学指南和教学案例选。理论普及读本意在通过项目组专家对项目基本理论和实施策略的解读，帮助广大教研员和教师理解项目的基本理念和实施策略；学科教学指南包括初中语文、数学、英语、物理、化学、生物、历史，小学语文、数学、英语 10 个学科，意在为广大教研员和教师提供相关学科实施深度学习的基本思路和操作指南；教学案例选遴选了在项目研究与实践中形成的优秀典型案例，意在为教师开展"深度学习"教学改进项目实践提供参考。我们期望这部丛书对教师在教学中如何落实学科核心素养起到借鉴和参考作用。

尽管"深度学习"教学改进项目取得了阶段性成果，但是这些成果还只是初步的，无论是在理论层面还是在实践操作层面都还很不完善，需要不断得到丰富和发展。下一阶段的项目研究与实验要重点做好以下几个方面的工作。

一是要进一步深化研究。在理论认识上要进一步明确深度学习的基本概念、基本特征、意义和价值；在实践操作上要进一步细化，让教师容易理解、掌握深度学习的基本理论框架和操作要求，并且能够在课堂中真正落地实施。同时，要坚持问题导向。在研究与实验中要不断发现问题，聚焦问题，找准深化研究的着力点，在着力点上发力、下功夫。

二是进一步加强沟通和指导。"深度学习"教学改进项目的实施需要项目专家团队、教育行政部门、教研部门、学校、教师团队等各个方面的通力合作。只有各个方面形成项目实施共同体，项目实施才能真正取得实效。为此，我们要加强沟通和指导，形成各方联动的推进机制。同时，要充分利用信息技术和互联网，建立项目实施的信息交流平台。

三是加强实验教师的研修。"深度学习"教学改进项目实施的关键在教师。深度学习的基本理念和实践操作要真正被教师所理解和掌握，需要一个过程。因此，需要进一步完善项目研修内容、研修形式和研修机制。

四是要进一步加强区域和学校统筹。要使"深度学习"教学改进项目真正取得实效，一定要将其纳入区域和学校的工作规划，使之成为区域和学校深化基础教育课程改革、落实学生发展核心素养的重点工作，并提供必要的保障条件，形成区域统筹以及区域、学校、教师职责明确和上下联动的机制。

这部丛书还只是"深度学习"教学改进项目研究与实验成果的阶段性总结，我们希望随着项目研究与实验的不断深入，丛书能够得到进一步充实、修订和完善。也希望广大教育工作者，特别是广大教研员和教师提出宝贵意见和建议。下一阶段，我们将继续深化义务教育阶段项目研究与实验，并适时启动普通高中阶段深度学习的研究与实验工作。

田慧生
教育部基础教育课程教材发展中心主任
课程教材研究所所长
2018 年 11 月

本书序

《深度学习：走向核心素养（理论普及读本）》是"深度学习"教学改进项目的阶段性成果之一，是在总结项目实施4年来研究与实验成果的基础上，对深度学习理论层面的系统思考，主要回答了为什么要开展深度学习、什么是深度学习、如何开展深度学习、如何保障深度学习的实施等问题。该读本是项目组各成员以及各实验区教研员、校长和教师集体智慧的结晶，凝聚了他们的辛勤劳动。我们编写该读本的目的主要是帮助参与"深度学习"教学改进项目的教研员、教师对深度学习实践进行深入反思，为新参加深度学习教学研究与实验的教研员和教师提供理论指导。

本书在编写过程中力图体现以下五个特点。一是以核心素养为指导。各部分的撰写以立德树人作为基本导向，以学科核心素养作为理论架构和单元教学设计的出发点，通过教学改进指向学生价值观、必备品格和关键能力的培养。二是力求通俗易懂。为了方便教研员和教师理解深度学习的基本理论，增强可读性，在文字上尽量做到深入浅出、通俗易懂，并尽量辅以案例进行说明。三是紧扣时代前沿。在研究深度学习基本理论的过程中，注意吸收当今国外最新的相关理论研究成果及教学实践成果。四是基于课改实践经验。深度学习的相关理论也注意吸收基础教育课程改革实施中所取得的相关经验，以增强理论对实践指导的针对性。五是面向问题解决。"深度学习"教学改进项目从基础教育课程改革实践需求中来，还要回到基础教育课程改革实践中去。深度学习的基本理论是对基础教育各学科课程标准如何落地的理性思考。

提到深度学习，很多人会问，人工智能领域也提深度学习，与我们所强调的深度学习有何不同？从性质上来说，人工智能领域指的是机器的深度学习，与人的深度学习并非同一范畴，机器的深度学习处于或还未达到人的浅层学习阶段。从紧迫性上来说，随着人工智能时代的到来，人们致力于把机器变成人，实现机器的自学习，而如果我们的教学还只是让学生进行浅层学习、机械学习，把人变成机器，人类势必面临被机器取代的危险。因此，时代对人才培养的需求更需要人类进行深度学习。同时，我们所强调的深度学习超越心理学领域所定义的深度学习。心理学领域的深度学习是从高级心理机能的角度加以强调的，并将深度学习与浅层学习相对立。我们所提出的深度学习不仅强调学生的深度思维，更是站在人类历史社会发展的大背景下来思考教育问题的，强调培养学生发展核心素养，促进学生的全面发展，使之成为能够创造未来美好生活的社会人；同时，更关注对教学本质的研究，指向课堂教学，让学生为主体的理念真正在深度学习教学中得以落实。但是，我们的深度学习并非一个全新的概念，而是对长期以来教师的优秀教学实践的提炼、概括、总结和重新命名。我们力图通过"深度学习"教学改进项目研究与实验，将这些优秀教学实践加以推广，使之变成绝大多数甚至每一位教师的实践。我们提出深度学习就是为了克服和避免当前教学中的浅层学习、机械学习问题，针砭时弊，通过帮助教师加深对教学本质和过程的理解来使其改进原有教学，促进学生更好地学习。

本书各章以"讲"的方式呈现，共分四讲。第一讲"为什么要推进深度学习"，由本人和北京师范大学郑葳副教授共同撰写，系统阐述了深度学习提出的国际背景、国内背景和相关学术研究背景。第二讲"什么是深度学习"，由北京师范大学郭华教授撰写，系统阐述了深度学习的定义和意义、教师在深度学习中的作用、深度学习的五个特征、深度学习的理论价值与实践意义。第三讲"怎样实现深度学习"，由北京市海淀区教师进修学校罗滨校长撰写，系统阐述了实现深度学习的条件、路径和各环节的具体策略。第四讲"怎样推进深度学习"，由罗滨校长、北京市海淀区教师进修学校附属实验学校原校长刘卫红共同撰写，以北京市海淀区和北京市海淀区教师进修学校附属实验学校为例，系统阐述了区域和学校层面推进深度学习的策略。

本书是项目组在研究与实践的基础上对深度学习的初步思考。随着项目的深入开展，我们还会进一步丰富和完善深度学习的基本理论，欢迎广大读者对本书提出修改意见和建议。

刘月霞

教育部基础教育课程教材发展中心副主任

目 录

第一讲　为什么要推进深度学习　/ 001

　　一、深度学习是我国全面深化课程改革、
　　　　落实核心素养的重要路径　/ 003
　　二、深度学习是信息时代教学变革的必然选择　/ 012
　　三、与世界同行：深度学习的相关研究借鉴　/ 015

第二讲　什么是深度学习　/ 027

　　一、深度学习是培养核心素养的重要途径　/ 029
　　二、深度学习是触及学生心灵的教学　/ 034
　　三、深度学习是教师充分发挥主导作用的活动　/ 038
　　四、深度学习的五个特征　/ 045
　　五、深度学习的理论价值与实践意义　/ 062

第三讲　怎样实现深度学习　/ 069

　　一、把握深度学习的四个重要环节　/ 072
　　二、实现深度学习有两个必要前提　/ 097
　　三、抓住深度学习的四个关键策略　/ 100

第四讲　**怎样推进深度学习**　/ 111

　　一、区域教研如何保障和推进深度学习　/ 113
　　二、学校如何保障和推进深度学习　/ 142

后　记　/ 164

第一讲

为什么要推进深度学习

为未知而教，为未来而学。

——戴维·珀金斯（David Perkins）

如果我们仍用昨天的教育培养今天的儿童，那么我们就是在剥夺他们的明天。

——约翰·杜威（John Dewey）

进入新世纪，政治、经济、文化、科技快速发展，未来社会变得越来越无法确定、不可预知。如何让现在的孩子适应未来的世界，是世界各国教育共同面临的巨大挑战。课程改革作为教育改革的核心领域越来越成为各国实施人才竞争战略的主战场。21世纪初，我国启动的第八次基础教育课程改革不仅顺应了世界教育改革的主流趋势，也是推进素质教育、转变人才培养方式、参与国际人才竞争的战略举措。

时至今日，第八次基础教育课程改革（简称"新课改"）走过了17年，政府和教育部门调动中小学校、高等院校、研究机构投身其中，取得了很多改革成就和有益经验，也面临着一些困难和挑战，可以说是喜忧参半。2014年，国家以全面深化课程改革作为新时代落实立德树人根本任务的标志性工程，组织研究中国学生发展核心素养框架体系，把培育学生核心素养作为基础教育课程改革新的目标追求。在全面深化课程改革的大势之下，"深度学习"教学改进项目应运而生。

一、深度学习是我国全面深化课程改革、落实核心素养的重要路径

（一）现实回应：基础教育课程改革深化的必然选择

第八次基础教育课程改革从课程目标、课程结构、课程内容、课程实施（教学）、课程评价、课程管理六个方面提出了十分明确的目标与任务，蕴含了21世纪中国基础教育的新理念与价值追求。这场历经17年的课程改革被称为"教育领域最为深刻的改革"。最为突出的改

革成果是，基本形成了一套有中国特色的、符合时代要求的、与国际接轨的基础教育课程体系。新课改传播了先进的教育理念，积极推进了人才培养模式变革，一些学校主动创生新的教学方式，教师的教学观念和行为也随之悄然变化。2011年一项面向教师的网络调查结果显示，74%的教师认同"合作、自主、探究"的课改理念，52%的教师以启发式教学为主，26%的教师以小组讨论教学为主，以讲授为主的教师仅为22%。[1]可以说，改革成效是有目共睹的。

然而，不容小觑的是，当改革目标和任务必须全面依赖校长和教师的行为进行系统转化，最终落实在学校办学和课堂教学之中时，改革的异化现象相伴而生：教学变革"模式化""程序化"倾向严重，"形式化""浅表化"问题突出，基本形成了"导学案"风靡全国的单一态势；很多教师把"改变教学方式"理解为教学改革的全部追求，基本放弃了对教学领域诸如学生认知特点和学习规律、学科特点和本质、教学规律等重要方面的认知、研究和探索，"知识与技能、过程与方法、情感态度与价值观"的"三维"目标基本停留在教案之上、概念之中，课堂教学要么仍是"满堂灌"，要么是从"满堂灌"转化为"满堂问"，忽视思维过程，排斥求异思维，留给学生独立思考的时间和空间极为有限。重知识传授、忽视能力培养的状态没有从根本上得到改观，学生作为学习者的主体地位没有得到真正意义上的尊重。

改革目标和任务在实践中的异化，一方面反映了改革目标与任务落实的难度之大，另一方面也直接反映了课程实施推进中对校长和教师的专业指导和支持力度的薄弱。项目前期调研发现，来自教师的问题与困惑基本集中在教学领域，如"如何调整教学方式""教学目标与教学内容、教学方式之间有怎样的内在联系""如何分层才能促进学生差异发展""如何提高课堂效率，既拓展学生视野又提升学生学科素

---

[1] 21世纪教育研究院.2011年教师评价新课改的网络调查报告[R].北京："新课堂、新教育"高峰论坛，2011.

养"。对于这些问题，一方面要在理论上进行科学解读，引导校长和教师准确理解：教不等于学，所有有深度的教学都必须建立在促进学生有深度地学习的基础上。要让教师科学认知教与学的过程，明确教学过程的核心要素和关键环节及其基本定位。另一方面也要给校长和教师提供教学实践的操作模型，为教师提供教学设计的基本方法和策略，帮助教师思考：什么样的学习内容更有价值——"让学生学什么"；什么样的学习目标更有意义——"学生应学会什么"；什么样的学习方式更有利于学习目标的实现——"怎么学"；什么样的方式能更好地检验学习效果——"怎么评"。

"深度学习"教学改进项目致力于清晰回答教学系统中这些基本问题，为教师提供思考教学问题的基本思想方法，研究、建立教学改革实践模型，形成教师探索教学改革的"脚手架"，努力落实基础教育课程改革的目标和任务，切实促进学生深度学习和持久发展。

（二）时代先声："基于核心素养"教学改革的实现机制

2014 年，在深入总结 21 世纪以来我国普通高中课程改革的宝贵经验、充分借鉴国际课程改革优秀成果的基础上，以普通高中课程标准修订为标志的基础教育课程改革深化工程正式启动。这次高中课程（包括课程标准、教材等）修订特别关注对中国学生发展核心素养研究成果的转化与落实，聚焦各学科课程本质，充分挖掘对学生核心素养培养的独特价值。

从根本上讲，学生发展核心素养是教育方针的具体化和细化，是对培养目标的整体描述，与课程、教材、教学有着内在的必然联系。也就是说，课程、教材、教学是落实中国学生发展核心素养的主要载体。因此，在修订各学科课程标准的过程中，要充分挖掘每一门学科课程独特的育人价值，充分阐释其对于学生核心素养培育的独特意义，基于学科本质将课程目标进一步凝练为学科核心素养，即学生修习学科课程后应达成的正确价值观念、必备品格和关键能力。由此，第八次基础教育课程改革所强调的"知识与技能、过程与方法、情感态度与价值观"的"三维"目标在学科核心素养层面得以充分整合。

学科核心素养的凝练被誉为本次高中课程标准修订的一项重大突破。之所以如此定位，一是在于各学科课程目标的发展与变化，二是课程目标进一步指向学生，关注课程最终留给学生的是什么，从而真正贯彻落实立德树人的根本育人任务。由此，我国传统的"学科本位"课程开始了向"学生本位"课程的真正跨越。

新中国成立以来，我国基础教育课程目标从"双基"发展到第八次基础教育课程改革的"三维"目标，再发展到本次高中课程标准修订的"学科核心素养"，每一次都是飞跃，都带来课程体系结构、课程内容、教学过程乃至考试评价的必然变化。这是课程目标变化所引发的"牵一发而动全身"的结果。课程目标、课程体系结构、课程内容的变化最终要落在课堂上。当然，这些变化还必须通过教师的教学设计转化为教学过程，最终转化为学生的素养发展。如此，要求教师的教学理念、教学设计、教学行为必须发生变化——既不能被桎梏于"双基"目标，又不能停留于"三维"目标，而是要更多地从发展学生学科核心素养的课程目标出发，站在学生学习和成长的角度重新定位教学目标、教学内容、教学过程和教学评价，系统思考教学改革问题，而不能仅仅停留在对教学方式变革的追求上。教师必须能够清晰把握本学科对于学生发展的独特价值和贡献，以明确教学的终极目标；必须准确认知本学科的体系结构、学科思想方法、学科大观念和核心概念，以选择和确定教学的内容载体；必须熟练掌握有利于学生核心素养培养的独特途径和方法，以确立适宜的教学过程与方法。当然，教师还需要掌握基本的评价方法和手段，以便开展恰当的教学评价，反馈教学效果，进而帮助教师自己检视和反思教学目标的确定、教学内容的选择、教学过程的设计等各个环节。总之，基于学科核心素养培育的教学改革对于教师的挑战是全方位的，检验着教师对学生的理解以及对学科知识、教学知识的掌握程度和运用能力。

以核心素养为课程目标的新表述，也必然需要新的教学理念来实施和落实。"深度学习"教学改进项目的核心理念和价值追求，深度契合以核心素养为目标的课程理念，立足于推动以学生学习为中心、以学生核心素养培育为目标的教学改革，着力研究解决当前我国在课堂教学中存在的重点和难点问题，全面应对深化课程改革进程中教学改革的实际挑战，整体提高课堂教学的质量和水平。

（三）价值追求：落实立德树人的智慧之旅

　　深度学习，是师生共同经历的一场智慧之旅。旅程的终点不是让学生获得一堆零散、呆板、无用的知识，而是让他们能够积极、充分、灵活地运用这些知识去理解世界、解决问题、学以致用，并获得人格的健全和精神的成长，成为新时代的社会主义建设者和接班人。

1. 深度学习是发展素养的学习

　　习近平总书记在党的十九大报告中指出：要全面贯彻党的教育方针，落实立德树人根本任务，发展素质教育，推进教育公平，培养德智体美全面发展的社会主义建设者和接班人。立德树人根本任务的提出，明确强调了教育的本质功能和真正价值，从国家层面更加深入系统地思考和回答了"面向未来教育要培养什么样的人"的问题。

　　为落实这一根本性任务，受教育部委托，由北京师范大学牵头的研究团队于2016年提出了我国学生发展的核心素养，将其内涵界定为："学生在接受相应学段教育过程中，逐步形成的适应个人终身发展和社会发展需要的必备品格与关键能力。它是关于学生知识、技能、情感、态度、价值观等多方面要求的结合体；它指向过程，关注学生在其培养过程中的体悟，而非结果导向；同时，核心素养兼具稳定性、开放性与发展性等特性，其生成与提炼是在与时俱进的动态优化过程中完成的，是个体能够适应未来社会、促进终身学习、实现全面发展的基本保障。"①

核心素养以"全面发展的人"为根本出发点和最终归宿，是新时期教育的育人目标。为实现这一目标，相应地，学习方式必须发生根本性的变革。"深度学习"教学改进项目的推进，恰逢其时。

深度学习以培养学生核心素养为根本追求。因为只需简单记忆和机械应用程序的工作，是不需要深度学习的。大量研究表明，在迅速变化的世界中取得职业和社会生活成功的关键，就是要拥有远大的志向和坚强的意志、批判性思考和问题解决能力、有效的沟通和协作能力以及学科思维、学习策略和积极的学习心向等，也就是所谓的核心素养。而这些素养的获得需要深度学习的支撑，因为素养是"个体在与各种真实情境持续的社会性互动中，不断解决问题和创生意义的过程中形成的"②，深度学习正是这样的活动和过程。

2. 深度学习是理解性学习

面向未来的未知世界的学习，学习者必须获得对概念更深层次的理解。有研究表明，与以识记、复述知识等为特征的浅层学习不同，深度学习是学生想要去理解以及从学习内容中提取意义这两者的结合。③ 理解，不仅仅是单纯字面意思上的知道、了解、明白，它更强调一种深层次的思考，即解释、思辨、推理、验证、应用等更有难度、更加复杂和更具综合性的学习结果。但是仅仅有这样的理解还不够，还需要学生能够将这些已经理解的知识应用于生活，即理解是学生灵活地运用所知进行思考和行动的能力。

深层次概念理解意味着学习者拥有的知识是围绕着该学科的核心概念、主题及问题组织起来的，从多个角度对其加以表征的，并能在

---

① 辛涛，姜宇，林崇德，等. 论学生发展核心素养的内涵特征及框架定位 [J]. 中国教育学刊，2016（6）：4-5.
② 杨向东. 如何基于核心素养设计教学案例 [N]. 中国教育报，2008-05-30（5）.
③ BAETEN M, DOCHY F, STRUYVEN K. Students' approaches to learning and assessment preferences in a portfolio-based learning environment [J]. Instructional Science, 2008, 36 (5/6): 359-374.

真实、复杂情境中应用的知识。只有学生知道在什么样的情境中应用这些知识，知道在面对新的、真实世界的情境时如何调适、修正这些知识，在他们能够解释信息、创建模型、解决问题、建立与其他概念和学科及真实世界情境的关联从而形成理解世界的新方式时，我们才认为发生了真实的、有深度的学习。

这样的深层次概念理解主要由专长习得、问题解决和高级思维构成。其中，专长（expertise），主要是指专家知识与技能；而学习，从一定意义上讲，就是从新手逐渐向专家转化发展的过程。通过分析专家和新手在问题解决方面存在的差异，研究者发现专家具备三个方面的优势：有意义的知觉模式、大量的知识经验存储、很强的计划和监控能力。

认知心理学关于专长研究的成果近年来在人工智能领域得到了成功发展，继而形成了人工智能领域的"深度学习"。这里的深度学习是指通过模拟专家大脑在加工信息、创造模型、做出决策时的深度神经网络，像阿尔法狗（AlphaGo）、无人驾驶汽车、智能语音助手等人工智能应用，会自动从图像、声音、文本等数据中学习模型认知和表征结构，从而解决问题。专长是深层次概念理解的基础，若想获得专长，就需要学习者形成大量且复杂的表征结构、程序和策略，以及将这些程序、策略灵活运用于解决情境中具体问题的能力和反思自身认知过程的能力。

除此之外，深层次理解还有助于提高学生的道德认知水平，使学生更有道德、更富人性、更具同理心以及更愿意遵守行为规范。

3. 深度学习是符合学习科学基本原理的学习

在回答"学什么""怎样学"才能培养学生的核心素养这一问题时，深度学习以学习科学的基本原理为依据，对学习活动和过程加以系统设计与实施。学习科学，是指借助心理学、认知科学、教育学、计算机科学、人类学、社会学、神经科学、设计研究等领域的研究成果,从不同学科视角揭示人类学习规律的一个跨学科的研究领域,致力于更好地理解产生有效学习的认知和社会过程,并运用这方面的知识去重新设计课堂和其他学习环境,以提高学习绩效。依据学习科学的基本原理,对深度学习的理解应包括以下两方面。

(1)深度学习是建立在学生先前知识基础上的概念改变。

学生在进入学校之前,并非一块白板,他们是带着日常经验和在其他情境中获得的先前知识、信念等走进教室的,这些经验、知识、信念等被称为"前概念"。学生的前概念有的支持新学习的发生,有的则起阻碍作用,当科学性概念与学生的前概念发生冲突时,就会给学习造成很大困难。例如,学生对周围世界的解释总是根据其自身的日常经验做出的,因此对于他们来说"地球是圆的"这样的概念往往比"惯性""地心引力"要难以学习。所以,有效的教学应明察、导出学生的日常经验等前概念,并为其做出正确、充分的自我解释及建构意义创造学习环境与条件。学生有意义的学习就是将新知识与已有知识、经验建立起明确的联系,并将新知识整合进原有知识结构的过程。学习,从本质上讲,就是由经验引起的学习者原有观念的改变。只有学习者的知识、经验和情感态度与价值观发生了持久的改变,我们才能说他学会了。

然而,学生的概念转变并不容易发生。学生的前概念非常顽固,如果在课堂上不能充分促进概念的转变,一段时间后很可能之前的错误概念又复原了。因此,直接为学生呈现一个新的概念或者仅仅告诉学生他的理解是错误的,并不能真正促进其概念发生转变。此时,要先揭示出学生的前概念,然后通过实验等方式呈现科学概念,从而引发学生的认知冲突。例如,许多小学生知道温水加温水还是温水,但当被问及将30℃的水加入30℃的水后是什么温度时,他们却会得出60℃的水这一答案。此时教师应把学生错误的前概念记录下来,并据此设计实验,让学生测量水温,使学生意识到他们认识上存在着的矛盾冲突,由此才能改变他们原有的概念和认知。

（2）深度学习注重"元认知"的教学方法。

深度学习要培养具有主体性的全面发展的人，这样的人首先是能够"学会学习"的人。"元认知"的教学方法通过帮助学生确定学习目标及监控达成目标的过程、掌握相应的学习策略等，让学生学会控制和促进自己的学习。为了实现深层次的概念理解，学生首先需要清楚特定情境下他们已有的知识和需要掌握的知识，然后必须做出两方面的思考：一是要明确任务、目标是什么，以及自身现有能力如何；二是要考虑何时、如何使用特定的程序和方法等来解决问题。许多研究表明，拥有元认知能力的学习者学习成绩更加突出。基本的元认知策略包括计划、监控、评价自己的思维过程，审慎地选择解决问题的策略等。

学习科学研究指出，学生的元认知能力是可以通过直接教学或观察和模仿教师/学科专家解决问题、进行思考时的策略来加以培养的。此外，让学生建构所学主题的概念图，使学生有意识地建立联系、建构意义，并外化其思维过程，提高其对知识的理解和应用能力。

总体来说，深度学习吸纳学习科学的基本原理，将围绕学科核心概念建立起来的相关概念、原理之间的框架及其与生活世界关联而生成的关键性问题，视为最有学习价值的知识。通过呈现问题情境，让学生在前概念基础上不断探究，像学科专家一样进行知识建构、问题解决和反思改进，从而实现概念的改变和知识的迁移。"学科核心""知识结构""学习动机"和"解决复杂问题"，成为深度学习的关键词。深度学习强调较高层次的认知目标，强调高级思维能力的培养，强调学习过程中的反思与元认知，并且注重学习行为方面的高情感投入和高行为投入。

学习科学研究得出的相关原理，为我国深度学习理论架构和设计实施，提供了必要的研究基础和实践依据。

二、深度学习是信息时代教学变革的必然选择

深度学习的实施推进,是时代发展的必然需求,是教育的主动应对。

(一)与机器共舞:呼唤新时代的创造者

今日世界之复杂、变化之迅捷,已远超我们的想象,看似遥不可及的未来正在变得触手可及。如今,百度 Apollo(阿波罗)开放平台可以率领百余辆自动驾驶汽车跑上港珠澳大桥,可穿戴技术会让你的衣服监控你的心率,科幻电影《星际迷航》里的生物打印机现在已被用于制造医用的人体组织,IBM 的机器人沃森医生也来到中国为患者提供精准而个性化的诊疗建议,广东省东莞市长安镇诞生了首个无人工厂……灵敏的机器人正在大举侵入全球制造业,人工智能机器代替了人类的许多工作,失业率逐渐增加。

人类已经跨入了第四次工业革命时代,信息爆炸、大裂变式的脑力增长正以全新的、强有力的且令人惊诧的方式,挑战和重塑着我们的社会根基,甚至重组了我们的大脑,改变着我们的生活、工作和学习方式。它不仅会给人类生活带来巨变,更会引发人类生存方式和社会行业结构的转变,从而使得对未来人才素养的需求也随之发生改变。

2013 年德国政府推出"工业 4.0"战略,正式开启了人类第四次工业革命的大门。世界经济论坛创始人克劳斯·施瓦布(Klaus Schwab)在谈到第四次工业革命时指出,除了智能互联的机器和整个社会体系的高速发展外,从基因测序到纳米技术,从可再生能源到量子计算,各领域的技术突破风起云涌,新技术不断催生更新、更强大的技术的产生与发展。科技与人类之间的共生关系得到了前所未有的体现,人类寿命得以延长,癌症治愈成为现实,人与环境之间的矛盾得以逐渐调和,一切都预示着"奇点"的来临。

奇点（singularity），本是天体物理学术语，是指时空中的一个普通物理规则不适用的点。在美国未来学家雷·库兹韦尔（Ray Kurzweil）的理论中，奇点是指人类与其他物种（物体）的相互融合。确切来说，它是指电脑智能与人脑智能兼容的那个神妙时刻。当那个时刻来临（他预测为2045年）时，人工智能将完全超越人类智能。奇点之后，如果人的智能能够完全转移到计算机上，甚至死亡都将变得毫无意义。很多人可能不以为然，但库兹韦尔认为，大多数人对于未来技术的预测，都低估了未来发展的力量，因为这种预测主要基于"直觉线性增长"观而非"历史指数增长"观。世界变化太快了，奇点正在逼近。"知识工人"已成为历史，如今世界需要的是能与机器共舞的"聪明的创造者"，这样的创造者将具备机器所不具备的设计、创造和共情等能力。

全球教育体系都正在和将要被技术主宰的全球经济形势改变，对未来人才的素养提出了新需求，也对教育提出了新挑战。如何让孩子未来不会被人工智能所取代，是学校教育当前亟须思考和努力解决的问题。

为回应时代需求，近年来深度学习研究迅速兴盛。其主要原因有两个方面：一方面是数字时代需要人才的素养与以往要求有着极大的不同；另一方面则是技术的发展在教育中的应用和支持，为深度学习的发展、推进提供了可能，有效提高了学生学习和协作的质量、广度和深度。例如，学生正在使用像微博、微信这样的社交媒介平台来发现新知识和发表新观念，通过创造知识来学习。

信息技术与互联网真正的教育转换，在于信息技术创造了学习的自由以及贡献于并参与到全球事务的自由，这在十几年前是不可能存在的。为此，以强调积极的参与式学习以及理解、迁移应用和创造性解决问题的深度学习，成为技术驱动的世界必要的学习技能，它需要有新的教学理论和方法来支撑和践行。

（二）现实困境：被卡在过去的课堂教学

然而，面对第四次工业革命带来的对人才素养的新需求，当前教育却表现乏力。应试教育仍根深蒂固，让学生为应试而机械地学习、记忆、训练，导致学生会做题却不会解决真实问题的现象较为普遍；学生所学的内容与未来职业生活的关联性不强，学习的是一些脱离情境的和碎片化的事实、概念和割裂的技能，难以迁移应用；分科教学让学科之间相互割裂，无法让学生形成更加全面、整体性的认识；沿袭19世纪的教学传统，教学方式多采用讲座式。这样的"讲授告知式"教学难以真正实现新课改倡导的自主、合作、探究的学习方式和个性化的、实践性的学习，难以培养学生发展核心素养。

当死记硬背所获得的知识"百度"一下即知即得时，学生应该学什么、怎么学的焦虑感逐渐上升。世界改变了，我们的学校却被卡在过去的某个时间点上，停滞不前。

（三）教育应对：走向深度学习

我们正处在人类历史的关键转折点上，面对新技术时代的挑战，正如《新媒体联盟地平线报告：2016 基础教育版》中指出的，为了满足21世纪社会对劳动力的需求，需重新思考学校的功能并培养学生未来生存所需的技能。在此背景下，人们不约而同地提出了"深度学习"。

美国惠利基金会（William and Flora Hewlett Foundation）于 2010 年开始启动深度学习项目，原因在于他们意识到美国的劳动力市场变化迅速，在与机器竞争工作机会时，只有具备专家思维和复杂沟通能力的人才能取胜，而课堂却仍沿袭 20 世纪初工业时代的模式，导致学生并没有为迎接 21 世纪的挑战做好充分的准备。而新加坡、芬兰、加拿大、中国等国家却早已开始修正其教育系统，致力于帮助更多学生达成更高的期望。为此，基金会力图帮助学校开展深度学习及其评价，将深度学习看作一系列相互关联的素养，包括掌握精确严密的学科内容，学习如何批判性思考和解决问题、进行有效协作与交流、自我指导地学习以及形成一套学科思维，认为学生只有具备这些素养，才能应对未来的挑战。

美国前总统奥巴马在 2015 年 12 月签署的《让每个学生成功法案》(*Every Student Succeeds Act*) 中，为各州开展深度学习提供了大量机会，努力确保通过深度学习，学生高中毕业后能够具备批判性思考、解决复杂问题、与同伴合作、有效交流和自我指导这几方面的核心素养。

与此同时，深受各国重视的 PISA 测试，即国际学生评估项目 (Programme for International Student Assessment)，以测试 15 岁学生能否掌握参与社会所需要的知识与技能为目的。从 2012 年开始，PISA 试题的设计转向对学生能否使用知识进行批判性思考、解决问题和交流理解的测试，这些能力被认为是学生为未来的高等教育、工作和生活做准备所必需的深度学习能力。

面对挑战，我国教育的应答是，为培养具有中国学生发展核心素养的创新人才而努力。这样的人应具备创新能力、协作交流能力、批判性思考和解决真实问题的能力、社会责任感和家国情怀等必备品格与关键能力，而国家竞争力也有赖于教育是否做好了培养这样的公民的准备。为此，教育部基础教育课程教材发展中心于 2013 年着手研究和推进"深度学习"教学改进项目。该项目对深度学习的理解，既汲取了国外相关研究的优长，又不同于国外研究仅局限于认知和机器学习层面——而是将其定位在促进中国学生面向未来所需的必备品格和关键能力的发展上。

三、与世界同行：深度学习的相关研究借鉴

几乎与世界相关研究同步，我国"深度学习"教学改进项目启动于 2013 年，是一场基于前期课程改革成功经验，结合国外相关研究成

果，立足中国现实，解决中国教育教学问题，培育中国学生发展核心素养的理论与实践的创新探索。因此，对国外相关研究的借鉴是我们研究的基础之一。

（一）关于深度学习的研究历程

世界各国的研究不约而同地使用"深度学习"来表达对学生学习的新见解。1976年，瑞典哥德堡大学教育学院教授马飞龙（Ference Marton）和罗杰·塞里欧（Roger Säljö）基于对学生学习过程的研究，发表了《学习的本质区别：结果和过程》一文，首次提出并阐述了深度学习（Deep Learning）与浅层学习（Surface Learning）这两个相对的概念。[1]他们请学生阅读一篇学术文章并告知读后要回答一些相关问题，结果发现有些学生把文章看作零散的信息单元，猜测可能提出的问题并努力记住相关信息，即"浅层学习"；另一些学生则把文章视为包含意义结构的东西，因此会搜寻文章主要关注的问题、思考文章的含义以及对自己的意义，即"深度学习"。研究表明，采用深度学习方法的学生对文章的理解更多，能更好地回答问题，并且能更有效、更持久地记住相关信息。

随后，约翰·比格斯（John Biggs）等多位学者对深度学习进行了研究，他们的基本共识是：浅层学习是对零散的、无关联的内容不加批判地机械记忆，学习内容脱离生活实际，与学生以往的经验缺乏关联，学不致用；而深度学习则是对学习内容积极主动的理解、联系和结构的建立、基本原理的追求、相关证据的权衡、批判反思和应用。

近年来，深度学习的研究与实践在世界范围内引起高度重视，尤其是在美国和加拿大等国。例如，美国的《让每个学生成功法案》中，

---

[1] MARTON F, SÄLJÖ R. On qualitative differences in learning: I-Outcome and process. British Journal of Educational Psychology, 1976 (46): 4-11.

特别强调了要促进学生的深度学习以及对其能力的培养。① 加拿大著名学者迈克尔·富兰（Michael Fullan）提出的如何在技术富有的社会中实现真实有效的教与学活动的"新教学论"，将目标指向通过深度学习促进学生能力、态度的改变。

富兰等人对新、旧教学论进行了对比分析，指出旧的教学论中虽然会涉及技术的使用，但教学的最终目标仅仅是传授必须掌握的内容。而真正有价值的学习应是能够学以致用并有创新实践的。因此，变革教育并不是简单地在传统课堂上添加一些昂贵的技术工具、尝试一些所谓的新的学习方式，而是要能看到这些技术和学习方式发挥的作用，看其在教学中真正改变的是什么。

如图1-1所示，富兰认为新教学论有以下几个特征。

（1）强调新知识的创造，并促进其在真实生活中的应用。

（2）强调学习过程的重要性，创建共同发现、创造、使用知识的新型师生关系。

（3）强调技术在教育中的应用，与学生在校内/外的数字化产品使用习惯相适应。

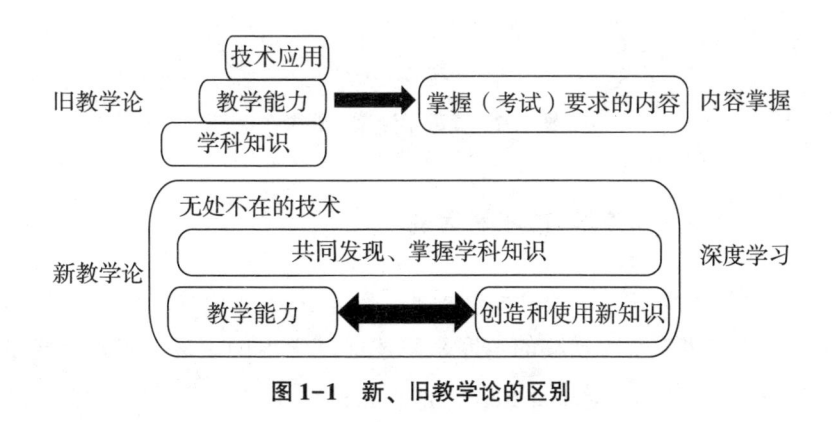

图1-1 新、旧教学论的区别

---

① 戴歆紫，王祖浩. 国外深度学习的分析视角及评价方法［J］. 外国教育研究，2017（10）：45-58.

富兰的新教学论主要由三个核心要素构成（见图1-2）：一是师生之间的新型学习伙伴关系；二是深度学习任务，这些任务能重构学习过程，由此驱动知识的创造和目的性应用；三是能够加速深度学习进程的数字化工具与资源。富兰指出，新教学论的这些构成要素均来自优秀教师的案例与故事，与百年来的教育理论与研究非常相似，如知识建构、真实世界的问题解决、反馈、元认知策略的重要性等。之所以称之为"新"，首先是因为目标新，它就是要达成包括在现实世界中创造和使用新知识的深度学习目标。其次是关系新，师生在共同探究、创造和使用知识的学习过程中形成了新型学习伙伴关系。最后，数字技术链接学校内外。这三方面的力量相互联系，共同实现学习的变革。

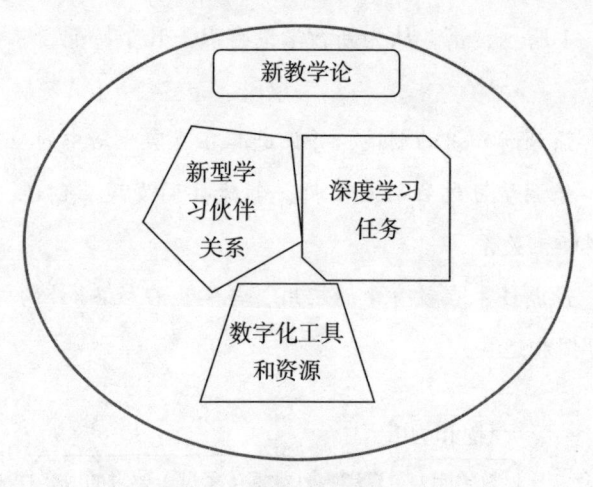

图1-2 新教学论核心要素

（二）关于深度学习的各种界说

1. 迁移说

有研究者从学习迁移的角度来阐述深度学习的定义。例如，美国国家研究委员会（National Research Council）在"定义深度学习与21世纪技能委员会"题为《为生活和工作而教育：培养21世纪可迁移的知识和技能》（*Education for Life and Work: Developing Transferable Know-*

ledge and Skills in the 21st Century）的报告中指出，深度学习就是为迁移而学习的过程，能够让学生将从一个情境中习得的知识应用到其他情境中。深度学习能力主要有三个维度，分别是认知维度、人际交往维度和个人内在维度。其中，认知维度包括掌握学科的核心内容及批判性思维技能，人际交往维度是指养成沟通和交流技能，而个人内在维度则是发展学科思维模式以及学会学习。

2. 素养说

这种界定方式是从学生发生深度学习之后应具备的能力素养角度着手的，主要从学生角度进行深度学习内涵的阐述，是目前深度学习领域最受学界认可的定义方式。美国惠利基金会认为，深度学习是学生为敏锐理解学科内容并将知识用于解决课堂和工作中的问题而必须掌握的一系列素养，主要包括掌握核心的学科内容、批判性思考与解决复杂问题的技能，有效沟通的技能，协作的技能，学会学习（能够自我指导地学习）以及形成学科思维模式。

美国卓越教育联盟（Alliance For Excellent Education）于 2011 年 5 月发布的名为《深度学习的时代：让学生为变化的时代做准备》（*A Time for Deeper Learning：Preparing Students for a Changing World*）的报告中也指出，深度学习并不新鲜，它是那些优秀教师的常态化教学行为，即以创新的方式将丰富的核心知识传递给学生，因此核心知识是学习过程的中心。深度学习要培养的是学生了解和掌握学科核心知识的能力、运用这些知识进行批判性思考和解决复杂问题的能力、与同伴顺畅有效地合作的能力、借助适当的媒体进行交流的能力，以及自我指导和反馈的能力。

富兰等人在《走向新目标：促进深度学习的新教学论》（*Towards a New End: New Pedagogies for Deep Learning*）这篇文章中将深度学习定义为一系列的技能，这些技能能够让学习者成为具有终身创造力、能合作的问题解决者，成为自己未来的主导者，以及能贡献于全球福祉的健康、幸福的公民。富兰将这些技能称为"6C",具体包括品德(Character)、公民素养(Citizenship)、有效沟通(Communication)、批判性思考和问题解决(Critical thinking and problem solving)、协作(Collaboration)以及创造力和想象力(Creativity and imagination)。

美国学者格兰特·威金斯(Grant Wiggins)等人主持的"为理解而设计"(Understanding by Design)项目中,直接从"理解"的角度来阐述何为深度学习,认为深度学习就是让学生能够实现对学习内容的理解。与此同时,他们还将"理解"分为六个不同的维度,包括解释、释义、运用、洞察、移情和自我认识,每一维度都对学生学习后能够达到的要求进行了详细的阐述。与布卢姆(Bloom)的教育目标分类不同的是,这六个维度不是由浅入深的学习层次,而是"理解"的六个不同的侧面,也就是学生在达成理解之后会有的不同表现。相较上面几种从更宏大的进行深度学习能力角度的阐述,这种以理解作为深度学习结果的界定,对于一线教师进行课程开发、教学设计和目标设计,更具有指导性。

相较国外研究,我国的"深度学习"教学改进项目对深度学习的理解更为全面、更富实践性。深度学习是指在教师指导下,学生围绕具有挑战性的学习主题,通过积极地探究实践,深刻地掌握学科核心知识,并运用该知识解决实际问题。在此过程中,学生不仅形成了学科思维模式,还养成了合作精神、创新意识、公民素养、实践能力和责任担当意识及能力。可以说,它既聚焦学生发生深度学习后所获得的学科核心素养和合作、创新、公民、实践等能力素养,同时又指出了深度学习发生的机制。深度学习是落实立德树人根本任务、实现学生发展核心素养的重要途径。

(三)关于深度学习的实现

有研究表明,基于问题、基于探究、基于挑战、基于项目等具有创造性和实践性的学习方式,能够有效促进深度学习。例如,马克·

佩格勒姆（Mark Pegrum）等人将创意博客与大学一年级理工科的学习内容进行融合，经过一段时间的实施，结果表明创意博客能够有效促进学生的深度学习。①

美国研究学会（American Institutes for Research）的"深度学习研究：机遇和结果"（Study of Deeper Learning：Opportunities and Outcomes，SDL）项目，由美国惠利基金会赞助，来自不同地区的实验校已达 500 余所，形成了深度学习共同体网络。SDL 项目无论是在深度学习理论发展还是在实践创新方面，都具有重要的学习和借鉴意义。SDL 项目根据对深度学习能力的认知、人际和个人三维度划分，提出了实现深度学习的具体策略。（见图 1-3）

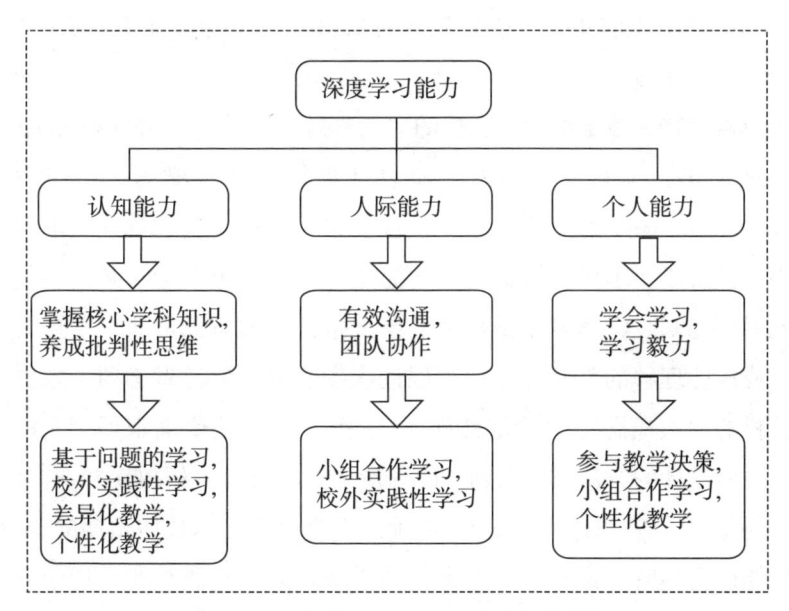

图 1-3　SDL 项目采用的深度学习策略②

---

① PEGRUM M，BARTLE E，LONGNECKER N. Can creative podcasting promote deep learning? The use of podcasting for learning content in an undergraduate science unit [J]. British Journal of Educational Technology，2015，46（1）：142-152.

② 引自：卜彩丽，冯晓晓，张宝辉. 深度学习的概念、策略、效果及其启示：美国深度学习项目（SDL）的解读与分析 [J]. 远程教育杂志，2016（5）：75-82，有改动。

如图 1-3 所示，在认知能力方面，为促进学科核心知识的掌握、批判性思维的养成，SDL 项目要求学生借助基于问题的学习（problem-based learning，PBL）、校外实践性学习等，来理解学科的基本原理和方法，并将其迁移应用到真实世界中去。在人际能力维度，项目组强调通过小组合作学习和校外实践性学习等，来培养学生有效沟通和团队协作的能力。而在个人能力维度，则通过参与教学决策、合作、反思等活动，促进学生形成学科思维模式，学会学习。

此外，由艾瑞克·詹森（Eric Jensen）等人提出的"深度学习环"（Deeper Learning Cycles，DELC），为我们提供了深度学习的七个教学步骤：（1）设计标准与课程；（2）预评估；（3）营造积极的学习文化；（4）激活先前知识；（5）获取新知识；（6）深度加工知识；（7）评价学生的学习。

由格兰特·威金斯等人主持的"为理解而设计"（Understanding by Design，UbD）项目中，采用逆向设计来促进深度学习。逆向设计（backward design）主要包括三个阶段。第一阶段是要识别期望的学习结果。该阶段要求课程设计者以终为始，考虑学生在学习某一主题或单元后，能知晓、理解或做什么，什么是值得理解的内容，期望持久理解或深度理解的又是什么。为促进深度学习，设计者必须考虑贯穿该学科的"大概念""关键性问题"。第二阶段是要确定可接受的证据。逆向设计的方法鼓励教师和课程设计者在设计具体单元和课时时，首先要像评价者一样思考如何才能确定学生是否已达成所预期的理解，搜集能证明理解的证据并考虑评价的方法。第三阶段是要设计学习经验及教学活动，要求给予学生大量的机会去自己推理、概括、建构意义，并将所学迁移运用到新情境中；同时，还要给予及时的反馈，从而帮助其改进行为。在此过程中，教师的角色转变为学生建构意义的促进者、给予学生反馈并训练其有效运用知识的教练员。

莫妮卡·R. 马丁尼兹（Monica R. Martinez）等人在《深度学习如何才能创造教学的新愿景》（*How Deeper Learning Can Create A New*

Vision for Teaching）一文中谈道：为深度学习而设计的教学应赋权学生，使其成为真正的学习者；使知识情境化；联结学习与真实世界的经验；将学习拓展至校外；激励学生个性化学习；有目的地纳入技术，从而促进学习。

我国"深度学习"教学改进项目认为，深度学习是以理解为基础的意义探究型学习活动。学生在教师指导下，通过解释、举例、分析、总结、表达、解决不同情境中的问题等，在已有知识基础上进行建构性活动，由此创造出对新知的理解。

（四）关于深度学习的评价

美国卓越教育联盟认为，可以采用以下几个策略对深度学习进行评价。

（1）基于素养的评价。该评价的设计意在考量学生为达成一套素养标准而掌握的具体知识、技能情况，让学生通过参与多种形式的评价活动，来展示其运用学科内容知识进行批判性思考、解决问题、借助各种媒体有效沟通的能力，与同伴协作的能力，以及自主学习的能力等。

（2）表现性评价。表现性评价是检验学生在完成真实世界任务时所需要的技能情况。它要求学生通过行为表现或制作某种产品来展示其掌握的具体技能和素养，包括呈现真实世界的情景，设计、实施实验，撰写需要反思、整合、应用的论文，与其他同学共同完成任务，展示使用设备、技术时的熟练度；它还要求教师开发、使用档案袋来记录学生的作业样本、测试结果、进步报告等。

（3）基于项目的评价。深度学习强调学生通过探究、设计、创造来学习，因此，评价学生设计、实施项目和解决问题的能力，可以查验深度学习的效果。项目学习具有真实性、复杂性、整体性、累积性和长期性等特征，这就要求学生应以团队合作的方式完成真实世界的任务。因此，基于项目的评价为学生提供了将知识和技能用于长期的项目学习的机会,并检验其应用的效果,由此可以不断加以改进。

我国"深度学习"教学改进项目主张采取持续性评价,即依据深度学习目标,确定清晰的评价标准,为学生的深度学习活动持续提供清晰的反馈,帮助学生改进学习。学校、教师在制订深度学习评价方案时,需要能反映核心素养的任务和问题来引导学生将课上所学用以解决更加复杂的问题,鼓励小组合作及学生间进行有效的分析交流等。深度学习强调对真实问题解决和项目学习任务完成情况的评价,多元主体对标准制定与评价的参与,过程性评价与终结性评价的结合,以及评价结果的及时反馈和促进学习改进功能的发挥。

(五)关于深度学习推进的要素分析

2012年,富兰等人与来自英特尔、微软、经济合作与发展组织等的代表,发起了一项全球运动,旨在通过探索新教学论来培养学生的深度学习素养。他们提出,以下四个要素能够确保深度学习的启动和有效实施。

(1)培养学生之间、教师之间、学生与教师、学校与家庭以及更大的社会环境之间的学习伙伴关系,形成合作的学习文化。

(2)进行设计、实施、监控和评价学习的教学实践训练。

(3)在信任的环境中培养学生的交往能力,促进其为自己的学习负责。

(4)运用数字技术使学生可以超越课堂、学校,增加他们获取知识的机会,促进由学习者驱动的深度学习。

此外,能够促进深度学习的相关政策制定和教师专业发展,是确保深度学习有效发生的重要条件。

（六）关于深度学习的成效

越来越多的证据表明，深度学习方法比传统的讲授模式更有效。美国伊利诺伊大学厄巴纳-香槟分校的研究人员通过两组学生的比较，研究学生决策能力的差异。一组学生参与了基于项目的学习活动，另一组学生则使用相同材料参与接受性教学活动。研究表明，采用项目式学习的学生对问题的考虑更为周全，在决策制定过程中的推理更为合理，对假设重要性的评估也更加频繁。研究人员指出，参与接受性教学的学生考虑更多的是各种观点和论据；而采用项目式学习的学生则更愿意解决现实中的实际问题，比如当地狼群的放归和管理。[①]

我国关于深度学习的研究和实践探索，面向未来社会对学生素养的新要求，针对我国当前中小学课堂教学存在的关键问题，立足本土课程教学研究和实践经验，借鉴国外相关成果，形成了一系列理念框架以及实践模式，成为培养学生核心素养的重要实施路径。

---

① ZHANG, ANDERSON, MORRIS, et al. Improving children's competence as decision makers: Contrasting effects of collaborative interaction and direct instruction. American Educational Research Journal, 2016（53）: 194-223.

第二讲
什么是深度学习[①]

[①] 本讲的部分文字已发表。参见：郭华. 深度学习及其意义 [J]. 课程·教材·教法，2016（11）：25-32；郭华. 教学即"讲理"：兼论变异教学理论在教学中的运用 [J]. 教育学报，2013（5）：38-46；郭华. 深度学习之"深" [J]. 新课程评论，2018（6）：11-16.

> 心不在焉，视而不见，听而不闻，食而不知其味。
> ——《礼记·大学》

> 学习如果具有思想、感情、创造、美和游戏的鲜艳色彩，那它就能成为孩子们深感兴趣和富有吸引力的事情。[①]
> ——苏霍姆林斯基

[①] 苏霍姆林斯基. 把整个心灵献给孩子 [M]. 唐其慈，毕淑芝，赵玮，译. 天津：天津人民出版社，1981：154.

一、深度学习是培养核心素养的重要途径

　　教学的目的是什么？相信大多数人会肯定地回答："培养人。"但是，如何通过教学来培养人，能够培养出什么样的人，却很难得到确切而自信的回答；然而，大多数老师能够比较清晰地回答每一节课要教几个知识点，要做几道练习题。但是，如果进一步追问，学生学的这几个知识点、做的这几道练习题，能使学生获得怎样的变化和发展，怎样才能通过这些知识学习让学生获得这些发展等问题，却少有人能够给出明确、肯定的回答。

　　长期以来，我们的教师勤勉而努力，但对于究竟如何在教学中实现对学生的核心素养的培养，实现立德树人的根本任务，却少有思考。通俗地说，就是把"教书"和"育人"割裂了。虽然我们都承认中国的教师尽职尽责、辛苦勤勉，但教师被称为"教书匠"也不冤枉，因为没有思考如何通过教学实现学生的健康发展。如果教学停留在知识点的传递上而不去促进学生的主动发展，就偏离了其本义和目的。教学，当然离不开知识（人类历史文化成果）的学习，但教学绝不是把储存在书本上的知识转移到学生的头脑里再储存起来，而是要把外在于学生的、和学生没有关系的知识，在教学中转化为学生主动活动的对象，从而与学生建立起意义关联，并通过学生个体的主动学习转变成学生成长的养分。这样的教学，就抓住了它的根本——既实现了人类历史文化的代际传承，也实现了培养人、发展人的根本目的。这样的

教学，才是真正的教学、好的教学。这样的教学，绝不是教师、学生、知识三方各自孤立、毫无关联地进行知识传授的过程，而是教师、学生、知识紧密联系在一起共同实现学生的全面发展的过程，是培养学生关键能力、必备品格和正确价值观的过程。这样的教学，我们就可以说是深度学习。

教师、学生、知识如何相互关联，如何使学生主动、愉悦、迅捷地获得发展，一直是教育史研究的重要问题。夸美纽斯在《大教学论》开篇就开宗明义地说："《大教学论》，它阐明把一切事物教给一切人们的全部艺术，……使男女青年，毫无例外地，全都迅速地、愉快地、彻底地懂得科学、纯于德行……《大教学论》的主要目的在于：寻求并找出一种教学的方法，使教员因此可以少教，但是学生可以多学；使学校因此可以少些喧嚣、厌恶和无益的劳苦，多具闲暇、快乐和坚实的进步。"① 简而言之，好的教学可以用"少教多学"来表征。几百年来，教学论学者共同的努力和追求，就是如何让学生能够主动、迅捷、愉悦地学习，获得发展，同时对那些似是而非的教学进行揭露和批判。那些似是而非的教学，除了显而易见的强制灌输，还有如杜威所描述的"糖衣"教学："用机巧的方法引起兴趣，使材料有兴趣；用糖衣把它裹起来；用起调和作用的和不相关的材料把枯燥无味的东西掩盖起来；最后，似乎是让儿童在他正高兴地尝着某些完全不同的东西的时候，吞下和消化一口不可口的食物。"② 这些似是而非的教学，阻碍了对教学规律的深入探索，也阻碍了教学发挥应有的对学生发展的积极促进作用。这样的教学，甚至不能被称作教学，却广泛存在。这样的"教学"，许多人把它称作"浅层学习"或"机械学习"。在最初级的意义上，深度学习正是对这种浅层学习的反动。有学者批评

---

① 夸美纽斯. 大教学论 [M]. 傅任敢, 译. 北京: 教育科学出版社, 1999: 1-2.
② 杜威. 学校与社会: 明日之学校 [M]. 赵祥麟, 任钟印, 吴志宏, 译. 北京: 人民教育出版社, 2005: 127.

"深度学习"，以为深度学习是对人工智能科学中的专用词组的简单搬运①，应当是误解了深度学习项目提出的教育实践背景。

深度学习的提出在于实现立德树人的根本目的，培养和发展学生的核心素养根本，促进学生的全面发展。因此，深度学习的提出，绝不是又多了一种新的教学方式或教学模式，而是鼓励教师深入探讨教学规律，研究学生的学习规律，从而真正去帮助学生学习与成长。因此，对于深度学习，要把它理解为教学规律在教学实践中的具体化。它的表现形式也许会有千万种，但核心要点是共同的，如下：

（1）深度学习是教学中的学生学习而不是一般的学习者的自学，因而必有教师的引导和帮助。

（2）深度学习的内容是有挑战性的人类已有认识成果。

（3）深度学习是学生感知觉、思维、情感、意志、价值观全面参与的、全身心投入的活动。

（4）深度学习的目的指向具体的、社会的人的全面发展，是形成学生核心素养的基本途径。

从以上几个核心要点可以看出，深度学习强调教师主导下的学生主动参与、积极建构，强调学生的教育性发展。因此，深度学习较心理学的一般学习理论，立意和站位更高更远，是从促进学生全面发展的角度、从培养能够开创美好未来的社会实践主体的角度来谈学习的。有学者批评深度学习，认为"人的学习本质上是受大脑指挥的，再简单、再肤浅的认识也是大脑活动的表现，'深度'对应的是大脑思维的哪种状态，这可能是个十分复杂且需科学实验才有可能解决的问题"②。如果仅从认知神经学的角度来看人的学习的话，这种说法是对的，但学生的学习绝不是抽象的神经生理和心理学所能解释的，它不仅要发

---

①② 方运加．"深度学习"深在哪儿［J］．中小学数学（小学版），2018（4）：34．

展学生的一般心理能力，更要培养学生的责任感、使命感以及创造美好生活的主人翁精神；这样的学习，不只是"大脑"的功能，而是特定社会历史背景下的、有社会意识的主体的活动。也正是在这个意义上，深度学习不仅强调心理学意义上的抽象个体参与和个体建构，更强调社会关系中的个体主动建构与参与，强调学生作为社会个体的发展而非抽象的心理机能的发展。在这个意义上，深度学习超越了心理学对学习者发展的期待。例如，苏联心理学家赞科夫所强调的是，教学要促进学生以思维能力为核心的动手操作能力、观察能力、思维能力等的一般发展；而深度学习则强调在这样的"一般发展"之上，促进学生作为具体的、社会历史实践主体的成长和发展，形成有助于学生未来自主发展的核心素养，强调学生作为社会主体所必须具备的健康的身心、高水平的文化修养、较强的实践能力和高尚的精神境界。这是深度学习的根本目的指向。

有了这样的认识，便可以给深度学习这样下定义：

所谓深度学习，就是指在教师引领下，学生围绕着具有挑战性的学习主题，全身心积极参与、体验成功、获得发展的有意义的学习过程。在这个过程中，学生掌握学科的核心知识，理解学习的过程，把握学科的本质及思想方法，形成积极的内在学习动机、高级的社会性情感、积极的态度、正确的价值观，成为既具独立性、批判性、创造性又有合作精神，基础扎实的优秀的学习者，成为未来社会历史实践的主人。

这个定义有两句话。

前一句话，是对深度学习的性质做出界定和判断，即"在教师引领下，学生……的有意义的学习过程"。这句话，首先强调的是：深度学习是教学活动而不是一般学习者的自学活动，它强调教师对作为主体的学生学习活动的引导与帮助。无论教学活动的具体形态如何，其核心都是以学生为主体的主动学习活动。

其次，这句话强调学生有意义的学习过程。在最初级意义上，所谓有意义的学习过程，是指与机械学习对立的意义学习，即奥苏伯尔（D. P. Ausubel）所说的有意义学习（meaningful learning）过程，它的实质，"就是符号所代表的新知识与学习者认知已有的适当观念建立非任意的和实质性的联系"①，这种有意义学习与通常所说的死记硬背、机械学习不同，是有实在意义的。有意义学习需要具备几个条件：一是学习材料必须具有逻辑意义，二是学习者自身必须具有意义学习的心向（如积极主动建立意义关联的倾向）、具有与新知识进行关联的先行知识并能够积极主动地将新旧知识进行关联。② 然而，我们所说的有意义学习，在初级意义之上，更强调有意义学习的教育性、发展性、目的性——无论是教学目标、教学内容、教学方法，还是师生间的互动，都应该是有教育意义的，是积极健康的培养人的过程。

后一句话，是对深度学习的目的与任务做出规定。具体来说，"掌握学科的核心知识，理解学习的过程，把握学科的本质及思想方法，形成积极的内在学习动机、高级的社会性情感、积极的态度、正确的价值观"，规定了深度学习的几重任务；"成为既具独立性、批判性、创造性又有合作精神，基础扎实的优秀的学习者，成为未来社会历史实践的主人"，是深度学习的最终目的，即"树人"。

这个定义，是对理想教学的最大抽象和概括，包含了人们对教学活动的期待、想象和追求。深度学习是"真"的教学，因为它把人类历史认识成果（人类已有经验）转化为学生主动的活动，转化为学生的精神力量和发展能量。"作为培养人、促进人的发展的重要活动，教学主要通过化解人类历史认识与学生个体认识的差距，去帮助学生能够作为主体去学习、继承人类已有的社会实践（认识）成果，在知识、

---

① 陈琦，刘儒德. 当代教育心理学 [M]. 北京：北京师范大学出版社，2007：165.
② 陈琦，刘儒德. 当代教育心理学 [M]. 北京：北京师范大学出版社，2007：166.

能力、思维方式、境界等各个方面达到人类已然达到的高度。因此，经由教学，外在于学生的人类实践（认识）成果能够转化成为学生个人内在的力量；人类认识世界改造世界的方式能够转化成为学生认识世界、创造未来新世界的重要方式；蕴含于人类知识以及知识发现过程中的高级社会情感、态度、价值观能够潜移默化地成为学生个人对待世界、看待人生的价值观。总之，通过教学，将人类认识成果的精华，转化为年青一代自己的鲜活的现实实践。在这个意义上，教学的意义，就在于它能够通过对人类历史实践成果的学习，使每个年轻人能够进入到人类历史长河中，了解人类过往的努力与成就，帮助每个年轻人有能力、有力量、有信心、有毅力去'接力'人类实践的步伐继续向前，成为连接过去与未来的、推进人类历史向前发展的主人。"①这是教学的意义，也是教育的价值和存在的理由。

二、深度学习是触及学生心灵的教学

"深度学习"是个新词，但深度学习并不是新东西，它就是"真"教学，就是教学应该有的样子。需要特别指出的是，深度学习是指教学中学生的学习而不是自学，它是对以往一切优秀教学精华的概括、提炼和命名。换言之，深度学习就是好的教学，内在地包含着学生积极主动的学习。

为了加强对深度学习的理解，我们先要弄清楚什么不是深度学习、什么不是好的教学。苏霍姆林斯基曾经说过这样一段话："著名的德国数学家 F. 克莱因把中学生比作一门炮，十年中往里装知识，然后发射，发射后，炮膛里就空空荡荡，一无所有了。我观察被迫死记那种并不理解、不能在意识中引起鲜明概念、形象和联想的知识的孩子的脑力劳动，就想起了这愁人的戏言。用记忆替代思考，用背诵替代对

---

① 郭华. 树人是学校教学的根本 [N]. 中国教育报，2018-01-24（5）.

现象本质的清晰理解和观察——是一大陋习，能使孩子变得迟钝，到头来会使他丧失学习的愿望。"① 苏霍姆林斯基的这段话，鲜明地指出了什么是不好的教学。这种不好的教学不可能有学生的深度学习，因为它使得学生"被迫死记那种并不理解、不能在意识中引起鲜明概念、形象和联想的知识"，只能"用记忆替代思考，用背诵替代对现象本质的清晰理解和观察"。这样的教学，有技术、有做法、有手段，却不能触及学生的心灵，不能使学生"心动"。在我们中国的语境里，也有对这样坏学习的描述，如"鹦鹉学舌""小和尚念经有口无心""心不在焉"等。这一定不是深度学习，因为学生的"心"不在学习上。没有用心，何谈主动、何谈深度？教学若不能打动人（心），学生的思想、意识、情感就不能活跃，就不可能有作为主体的深度学习。

当然，我们必须承认，教学中不可避免地有大量重复的甚至机械重复的练习或训练。例如，简单技能的自动化形成（如写字）就需要大量的重复性练习。这种重复是必要的，能够为更高级的教学带来便利。维果茨基说："习惯的形成使我们的意志拥有越来越有力的机制，并使它提出越来越遥远的目标，……如果读和写的过程永远不能成为一种习惯，它就会吞噬我们意志的能量，就没余地来进行集中思考。"②但是，仅有重复性训练则是有害的。"……习惯总是一种行为的机械手段，因为只有在条件单一的地方，才会带来益处。在需要超前的和新的适应的情况下，习惯性的行为可能不无害处"③，可能造成刻板行为、思维僵化、固化，难以适应新情境，难以迁移。维果茨基认为，即使是形成习惯的练习也需要内心的满足才能完成，即要有"心"的投入与参与。"练习只有伴随内心的满足时才能完全成功。不然的话，练习会变成遭到机体反抗的一种疲劳重复。'……如果同一个动作一次又一次重复，那么疲劳就会造成不好的结果，会直接妨碍形成新的最小抵

---

① 苏霍姆林斯基. 把整个心灵献给孩子 [M]. 唐其慈，毕淑芝，赵玮，译. 天津：天津人民出版社，1981：156.
②③ 维果茨基. 教育心理学 [M]. 龚浩然，等译. 杭州：浙江教育出版社，2003：358.

抗的通道'。"①

但是，以往关于学习活动的各类研究（如生理学、心理学的研究）却很少触及学习者的心灵。也许是因为心灵难以被客观研究，但很有可能是因为这些研究并不认为心灵对学习有意义，因而未将其纳入研究的视野。事实上，人的学习若不触及心灵（内心、灵魂），就会沦落为抽象个体的生理活动，至多只是心理活动，而不是一个活生生的有思想、有灵魂的具体的人的活动。有了心灵（灵魂）的伴随，感知觉以及其他客观的心理活动才成为"这个人"的心理活动，学习也才成为"这个学生"的学习，"这个学生"才真正作为主体主动、积极地展开学习活动。在这个意义上，学习是极具个人意义的活动，与他的个人经历、内心感受、思想水平及想象力都有着密切的关联。如果只是根据学生的生理和心理的年龄特征来抽象地理解他，就难以真正触动他的心灵、引发他的学习。只有那些与孩子心灵相通的教师才有可能唤醒学生的心灵，引发学生用心学习。因此，学生的学习是极为社会性的活动，学生关心什么、能够养成怎样的心灵、达到怎样的精神境界，与他的老师、同学有关，与他每日的经历有关，与他所处的社会环境有关，与正在进行的沸腾的社会生活有关。而教育的目的，也绝不仅是养成一个个有小情小爱的、抽象的、偶然的个体，而是要造就能够进入伟大的社会历史实践进程的、具体的、社会的人，有历史感、有责任感、有担当精神的人。在这样的意义上，可以说，深度学习的"深"，是这样的"深"：它超越生理学、心理学，而达至社会历史实践的深度，它触及学生的心灵深处，与人的理性、情感、价值观密切相连，它要培养的是社会历史进程当中的人。所以，深度学习，首先"深"在人的精神境界上，"深"在人的心灵里。

在网络时代，在人工智能时代，在芯片植入已经从科幻走向现实的时代，深度学习尤其倍显迫切。可以说，无论在什么样的时代，通

---

① 维果茨基. 教育心理学 [M]. 龚浩然，等译. 杭州：浙江教育出版社，2003：359.

过教学掌握知识、技能，形成高级认知、高阶思维都是理所当然的。如果仅仅是这些，完全可以由人工智能来替代：可以由人工智能来完成教学的任务，甚至无须教学，直接由人工智能替代这样的教学所培养的人。但是，学生成长的愿望、敏锐的感受力、理性的体验、思想的情感色彩以及为他人为社会勇于承担的责任感和历史感是不能被替代的，而这也正是教学不能被替代的理由。

因此，如何引起学生的理智兴趣，使学习成为一件富有吸引力的事情，如何激发学生全身心地投入有思想、有感情、有创造力的活动，是人工智能做不到而教师不能被替代的部分。因为这里有教师对学生的爱与关怀，有教师对学生成长为一个更好的人的期待以及为此而做出的种种努力。这些是不能被替代的，是不能被程序化、不能被安排的，是虽有缺陷但不断努力变得更好、虽然稚嫩但在努力成长的，是与"人"有关的。深度学习之"深"，深在这里，它绝不仅是"浅"的对立面，它与人的心灵相关，是不能被替代的。

深度学习还"深"在系统结构中、"深"在教学规律中。深度学习虽然表现为一个个的教学活动，但这些活动并不是孤立的、一个个的活动，而是存在于有结构的教学系统中的。正如语文阅读教学有精读有泛读，速度有快有慢，山谷有高峰必有低谷一样，学生的深度学习也是一个系统，需要整体把握。并不是每一节课、每一个活动都得"深度加工"，而是要根据教学规律有节奏地展开。正如柳宗元在《种树郭橐驼》一文中描述的："橐驼非能使木寿且孳也，能顺木之天，以致其性焉尔。凡植木之性，其本欲舒，其培欲平，其土欲故，其筑欲密。既然已，勿动勿虑，去不复顾。其莳也若子，其置也若弃，则其天者全而其性得矣。"依循教学规律，才是真正的"深"。

深度学习不仅要"深"下去，还要"远"开来；不仅要实现当前的教学目标，让学生掌握知识、形成技能、发展能力，提升思想水平、精神境界，更要培养能够进入未来社会历史实践的主体。

三、深度学习是教师充分发挥主导作用的活动

深度学习中的教师，应该做什么、做到什么程度，才能引发学生的深度学习？

如前所述，教学是自觉促进学生发展的活动，而且要在短时间内使学生获得较大的发展和提升。如此，学生必然要学习比自身现有水平高得多难得多的内容，还要以较短的时间、较快的速度去学习。问题来了：既然学生的现有水平不足以独立学习如此高难度的内容，他们也就很难成为操作这些内容的主体；而不学习如此高难度的内容，又难以获得自觉快速的提升与发展。怎么办呢？历来有两种思路：一种是坚持学习高难度的内容，另一种是选择学生感兴趣的主动活动。这两种思路，或者因为内容而忽视学生的主动活动，或者因为强调学生的主动而忽视内容难度的意义，二者都未把内容与学生的活动结合起来，把教学或学生的学习看作只是学生自己的事情，全然忘记了教师的角色与作用。如此，要么使学生面对高难度内容时落入孤立无援的无望境地，要么让学生经历少有难度挑战的任务，终究都不能使学生在短时间内获得有价值的提升和发展。深度学习要解决的问题就是：在有难度、有挑战的学习任务面前，如何让学生感到自己是活动的主体，能够独立操作这些内容，发生积极主动的学习活动？

这就需要教师适时出场，发挥教师应有的作用。

首先，确立促进学生自觉发展的"最近发展区"。

资料链接①

维果茨基意识到，至少应确定儿童的两种发展水平——"现有发展水平"与"最近发展区"，不了解这两种水平就不可能查明每一个具体场合中，儿童的发展进程与教学可能性之间的正确关系。……"最近发展区"概念强调了教学在发展中的主导性、决定性作用，揭示了教学的本质特征不在于"训练"、"强化"业已形成的内部心理机能，而在于激发、形成目前还不存在的心理机能。因此，只有走在发展前面的教学，才是好的教学。……"最近发展区"概念的一般意义正在于强调，在儿童那里，发展来自于合作，发展来自于教学。……总之，从有关发展的两种水平的思想出发，维果茨基明确地指出，教学过程具有自己的结构、自己的顺序、自己的发展逻辑，而教学引起的那些心理机能的发展则具有自己的内部规律。因此，"发展过程并不总是符合教学过程的，发展过程跟随着建立最近发展区的教学。……虽然教学和儿童的发展过程有着直接联系，但是它们永远不是同一的或相互平行的。"②

要确立最近发展区，前提是先确定学生的现有水平。学生的现有水平是指学生在没有任何外力帮助的情况下，能够独立完成作业的水平。换言之，教师要确定学生现在知道什么、能做什么、对什么有兴趣，能够操作什么内容、能够以什么样的方式完成什么样的活动，等等，即知道学生"在哪里"。学生的现有水平是已经达到的、确定的，但教师得有本领测探得到。同时，还必须确定学生即将达到的未来水平。这个未来水平远比学生现有水平要高得多，不是学生自己"跳一跳"就能摘到的"果子"，而是自己怎么跳都摘不到的"果子"，即凭

---

① 杜殿坤，高文. 维果茨基教育思想评介［M］//维果茨基. 维果茨基教育论著选. 余震球，选译. 北京：人民教育出版社，2005：16-17.
② 维果茨基. 维果茨基教育论著选［M］. 余震球，选译. 北京：人民教育出版社，2005：391.

学生个人现有的能力和努力不可能在短时期内实现的水平。要达到这样的水平，就必须学习有难度的内容、完成有挑战的任务，即维果茨基所说的"教学要走在发展的前面"，具体表现为赞科夫所表述的"高难度进行的教学""高速度进行的教学"。在学生现有水平与较高的未来水平之间，便形成一个区域，即"最近发展区"。这个区域正是教师与学生交往、帮助学生发展的区域，也是学生以主体的方式从事学习活动、获得发展的区域。教师既不因学生学习困难就降低难度，也不因"学习是学生的学习"而将自己置于教学活动之外。教师的作用，就是要帮助学生作为主体去挑战困难、克服困难，从现有水平主动积极地走向未来水平。

其次，帮助学生真正成为教学主体。

学生成为主体的重要标志是能够自主操作特定的对象（客体），并能从中获得发展。教师的作用，就是为学生提供这种既能自主操作又能帮助学生获得发展的对象（我们暂且称之为"教学材料"）。

为什么要提供这样的教学材料呢？教学材料与知识、与教材上的内容不同——不是它们的简单复制翻版，而是对它们进行转化的结果，是它们的活动化、具体化，是能够与学生发生关联并能逐渐展开的活动样态。具体而言，知识、教材内容与教学材料呈现如下的关系：知识是客观"在那儿"的东西，是科学家的实验、哲学家的论证、文学家的描述描写等，不管你学不学它，它就是那个样子，不增一分，不减一分；教材上的内容，以客观知识为基底，关联着学生的学习，是根据学生年龄与水平对知识的选择、加工、改造，既有取舍、改造，也有顺序安排，如五年级数学、三年级语文（与学生就读年段及水平相关）。但教材内容并不是学生能够直接操作的、现实的内容，而是离学生较远、较为抽象、静态的内容。相比于教材内容，教学材料缩短了教学内容与学生间的心理距离，更为具体，也更具操作性、活动性。它有两个突出的特点：（1）饱含教师的教学意图，因而不只是客观的对象、知识的载体，更是思维方式、情感态度与价值观的凝结，预设着特定的学习活动展开的方式；（2）是按"序"展开的学生活动的操作对象，因而并不只是静态的对象，而是伴随着学生主体活动展开的、动态变化的内容及其活动。提供学生能自主操作的教学材料，意味着教师要基于教学材料设计并引导学生的主动学习活动与学习进程，即引导学生从现有水平出发，展开主动活动，在活动中发展、形成一定的意识与能力，从而能够把未来水平转化为自己的现实水平。能够提供这样的教学材料，是教师促进学生自觉主动活动的前提，是促进学生开展深度学习的重要工作。

那么，教师是如何引导学生操作教学材料展开深度学习的？可用"两次倒转"[①]的教学机制来解释。

什么是"两次倒转"呢？相对于人类总体最初发现、建构知识的过程，教学首先是一个"倒过来"的过程——它不是从摸索、试误开始，不是从实践开始，而是直接从认识开始，有目的地指向人类已有认识成果的学习，我们称之为"第一次倒转"。"第一次倒转"体现了教学不同于人类总体认识的个体认识的根本特性，具有理论与实践的双重决定意义。但是，如果在教学实践中停留于"第一次倒转"、只关注"第一次倒转"，就可能忽视学生直接从认识开始学习高深知识的困难，忽视如何去引发学生主动的智力活动，忽视学生内心对学习的真正兴趣和理性体验，导致强制、导致灌输。于学生毫无意义的知识、无法引起学生内在学习愿望的活动，不可能引发学生的深度学习。正如苏霍姆林斯基所说："对于儿童来讲，掌握知识这个最终目的不可能像成人那样成为他付出智力努力的主要动力。学习愿望的源泉在于儿童智力劳动的性质，在于思想的情感色彩，在于理性的体验。如果这个源泉涸竭了，任你用什么办法也不可能让孩子坐下来念书。"[②]

[①] 郭华. 带领学生进入历史："两次倒转"教学机制的理论意义 [J]. 北京大学教育评论，2016（2）：8-26，187-188.

[②] 苏霍姆林斯基. 把整个心灵献给孩子 [M]. 唐其慈，毕淑芝，赵玮，译. 天津：天津人民出版社，1981：78.

为真正引起学生对于学习的内在兴趣,"第二次倒转"就是必须的。所谓"第二次倒转",是在承认"第一次倒转"的基础上,充分考虑学生与知识的心理距离及学习感受,把第一次"倒过来"的过程再"倒回去",既化解学生的学习困难,使学生真正成为教学的主体,又从根本上保证"第一次倒转"的意义与价值得以实现,保证教学真正成为教学。在这里,教师的作用具有决定性的意义。

"第二次倒转"的作用,在于帮助学生去"亲身"经历知识的发现与建构过程。这样的"重新经历"不仅能够使学生获取和占有"可言说""可分析"的知识,而且能够使学生透过此类知识的学习,"见到""体验到"那些"不可言说""不可分析""只可意会不可言传"的存在,比如智慧(愚蠢)、理性(情感)、高尚(卑鄙)等。当然,"第二次倒转"的过程绝不是原原本本地"重演"人类发现与建构知识的过程,而是从学生已有经验、现实水平出发,帮助学生典型地、简约地经历人类发现与建构知识的关键环节,促使学生思考知识发现与建构的社会背景,体验人类实践探索的思想历程、价值追求,评价知识以及知识发现与建构的过程,等等。如此,学生"好像"进入人类历史实践的进程,把握了历史进程的脉搏与节奏,与历史事件、人物在一个频道上共振,与社会历史进程中的亲历者一样,仿佛"亲身""参与"了历史的过程。这样的学习,就是深度学习了。

那么,如何引发学生的主动活动呢?我们以"平方差公式"的教学为例说明。[①]

这节课的教学过程大致可以表述为以下几个步骤。

(1) 师:计算以下几组计算题,并观察它们有什么共同特点。

$\begin{cases} 8 \times 8 = ? \\ 7 \times 9 = ? \end{cases}$
$\begin{cases} 5 \times 5 = ? \\ 4 \times 6 = ? \end{cases}$
$\begin{cases} 12 \times 12 = ? \\ 11 \times 13 = ? \end{cases}$

[①] 本案例改编自一位教师的教学。

学生独立计算，观察各组计算题的特点。

（2）师：如果 25×25＝625，那么 24×26 等于多少？请快速回答。

有学生能够快速回答。

师：既然能够快速给出答案，那么一定有所发现，请口述你们的发现。

学生列举发现，如"每组计算题两个因式的积差1""两个因式的因数有关系"等。

（3）师：请根据你们的发现，列举出更多的例证，计算并验证其是否支持你们的发现。

学生根据以上的发现及讨论，列出更多组与步骤（1）中题目有共同特点的计算题。

（4）师：既然有更多的例证佐证了你们的发现，那么，能否用数学表达式将你们的发现表示出来？

生：（愉快地）当然可以。$n^2＝(n+1)(n-1)+1$，即 $n^2-1＝(n+1)(n-1)$。

（5）证明。

这是一节平方差公式的课堂教学，显性教学目标是学习和掌握平方差公式。

显然，对于这节课的教学目标，老师很清楚，了然于胸；但是，老师并没有直接将平方差公式的数学表达式告诉学生，而是依据学生的水平，为学生提供能够直接操作的几组计算题，即教学材料——一旦这些材料能被学生操作，这些材料就成为学生的认识对象，带动着学生自主地展开活动（计算、观察、总结共同特点、列举更多例证、用数学表达式表示"发现"等）。学生有了自主的活动，才能通过活动领会教学内容的内在意义，内容才真正成为学生的认识对象，教学活动才真正是学生自己的活动。而且，在自主活动中，学生能够体会到布鲁纳（Jerome S. Bruner）所说的"发现学习"的几大优势：

（1）增强记忆。经由学生的自主活动，今日之所学很难忘记，是深深印刻于脑海中的。

（2）激发内在学习动机，或者将外在动机转化为内在动机。老师的要求会转化为学生自己的学习愿望，学生能感受到学习的乐趣，体会到成功的喜悦。

（3）挖掘学生的智慧潜能，即学生不仅学到知识，学会学习知识的方法，更挖掘出自己学习知识的潜能，提升了自己的智慧能量。

（4）缩小高级知识与低级知识之间的差距，帮助学生增强信心。学生知道任何高级知识都与低级知识、与已有经验有关联，高级知识是低级知识的发展、深化。只要方法得当，每个学生都能够从低级知识出发走向对高级知识的学习。

这节课的意义还在于，看起来都是学生自己在活动，却真正体现了教师的主导作用——使学生成为教学的主体。教师润物无声，学生稳步、扎实地学习教学内容，通过学习获得发展。

简单地说，要引发学生的深度学习，教师要做几件事：（1）确定学生自觉发展的"最近发展区"；（2）确定通过什么样的内容来提升、发展学生，即转化教学内容，提供恰当的"教学材料"；（3）帮助学生"亲身"经历知识的发现与建构过程，使学生真正成为教学的主体。

以上三点是对教师工作的极大的概括与提炼，而要做到这三点，教师还必须做大量的前提与准备工作。如果要列出必须做的工作的话，以下几点是比较重要的：全面把握学科结构与内容；了解学生，既要了解学生的学习水平、学习规律、学习特点，也要了解学生的希求、愿望、喜怒哀乐；与学生进行顺畅的沟通与交流，营造民主、平等的教学氛围，以利于学生能够在和谐宽松的氛围中凝聚精神于学习之上；关注学生的学习状态，及时调整教学进程及策略，以期更好地帮助学生学习与发展。

正是在这个意义上，我们说，深度学习是充分发挥教师主导作用的教学活动。教师若不能发挥主导作用，就不可能有学生主动积极的深度学习。

四、深度学习的五个特征

如前所述，深度学习并不神秘，也不是前所未有的新创造，而是数百年来优秀教学实践及理论研究成果的升华与提炼，是对一切表层学习、机械学习的反动，是超越生理学、心理学的社会活动。

任何教学活动，都要处理教师、学生、知识等教学核心要素间的关系。以下五个方面，既是深度学习的特征，也是深度学习如何处理教学活动各要素间关系的具体体现。因此，这五个特征也可作为深度学习是否发生的重要判据。

（一）联想与结构：经验与知识的相互转化

"联想与结构"，既指学生学习方式的样态，也指这样的学习方式所处理的学习内容（学习对象）。

作为学习方式的样态，"联想与结构"处理的是人类认识成果（知识）与学生个体经验的相互转化问题。来到课堂上的学生绝不是一张白纸、一块白板，而总是带着已有的经验来的。这些经验，有的是日常生活经验，有的是以往所学知识的内化并在学生生活中得以实践的经验。在进入教学之前，这些经验，大多只是自在地存在着的，因而需要教师的帮助以唤醒、改造，使之能够自觉进入教学，既辅助当下的教学，又使经验进入新的结构并得到进一步的提升。唤醒或者改造，能够使片面的经验变得全面、繁杂的经验变得简约、错误的经验得以纠正，……使自在的成为自觉的。这种唤醒或改造以往经验的活动，可被称为"联想"，而以往经验融入当下教学并得以提升、结构化的过程，可被称为"结构"。

以下这个案例，比较好地说明了学生个体经验与科学知识的冲突，以及教师正视学生的经验来进行教学的重要意义。

案例链接

如何让学生认识"线无粗细"[①]

小学数学中有这样的一道题目：过两点可以画几条直线？

对这道题目，学生通常会回答两条。

如果笔足够细的话，大概还可以画出更多条。

教师在处理这一问题时，通常会问："如果点更加小，小到没法再小了，可以画几条？"

学生听老师这么说，就会估摸着老师可能不喜欢这个答案。那么，过两点画两条直线肯定是错的。既然老师讲点很小，那应该是暗示我们画一条吧。于是，就会试着回答一条。在一条的回答得到老师的肯定之后，学生便会记住这一题目。个别记不住的学生，在多次强化后也会记住。

但学生心里是不相信的，点可以变小，难道线不可以变得更细吗？

他们这样想，但不会这么说，因为这么说，是自找麻烦。

好，一个更大的问题就出来了。明明是这样想的，却不能这么想。时间久了，或这样的经历多了，学生就会养成一个"不想"的习惯："管它，记牢就好了。"

当学生有了这种想法之后，数学，这个原来可以思考的东西，便开始远离思考。

当思考的通道被这样堵塞后，数学的魅力就会渐行渐远。

对小学生而言，线是有粗细的。而在数学上，线是无粗细的。因为线无粗细，所以过两点只能画一条直线。因此，关键在于如何让学生理解线无粗细。

[①] 俞正强. 如何让学生认识"线无粗细"[J]. 中国教师，2015（3）：59-60.

下面，我提供一个版本，大家可以讨论，是否可以让学生理解"线无粗细"？

（前面略）

师：小朋友，线有粗细吗？（小学四年级学生）

生：有，线有粗的和细的。

师：请在桌子上找一条线好吗？（不找毛线、电线）

生：桌子的边线，课本的边线，呵呵，好多的。（线在面上）

师：哪一条线最短？（线有长短，长短才是线的属性。）

生：数学课本的宽。

师：好，请同学们把这条最短的线画在纸上。

同学们开始画线。老师寻找一条粗的线（甲生）和一条画得比较细的线（乙生），将其投影在屏幕上，问同学们。

师：这两条画的线有不一样吗？

生：有，有粗，有细，粗细不同。（线有粗细，这是再自然不过的事情。）

师：（指甲生）你画的是哪条线？

生：（甲生，指着数学课本宽的边线）我画的是这条。

师：你把这条指给同学们看。（定了型）

师：（指乙生）你画的是哪条线？

生：（乙生，指着数学课本宽的边线）我画的是这条。

师：你把这条指给同学们看。（定了型）

师：（对全体同学）同学们，他们俩画的线一样吗？

生：（惊诧，讨论，得出结论）画的线是一样的，画出的线却不一样。

> 师：为什么画的线一样，而画出的线却不一样呢？
>
> 生：画出的线有粗有细，画的线没有粗细，因为都是边线。
>
> （这个结论是非常重要的。学生有两种体会：体会一是线在物上，边线是没有粗细的；体会二是线画出来有粗细，是因为笔有粗细。）
>
> 师：（小结）我们知道，线本来没有粗细，因为笔有粗细而已。
>
> 至此，学生的学习是令人十分惊诧的。他们可能至此也无法承认线无粗细，但在整个过程，好像可以接受线是无粗细的。
>
> 这就够了。
>
> 生活中，关于线的粗细太过深刻，数学中要破此观念，原本不是十分容易的。有了这个经历体会，再来思考过两点画几条直线的问题，学生就会不难接受。
>
> 关键的是，数学是讲道理的。因为数学是讲道理的，所以数学是可亲的。
>
> 而这种道理，具有一种令人惊诧的美丽。

强调"联想与结构"，意在强调，个体经验与人类知识在深度学习这里不是对立的，而是相互成就、相互转化的。"联想"（唤醒、调动）是关照、重视学生个体经验（包括日常生活经验），而"结构"是通过教学活动对经验和知识的整合与结构化。由于经验的参与，知识的学习就有了生长的根基，能够使知识转化为与学生个体有关联的、能够操作和思考的内容（对象）；因为对知识的学习，经验成为自觉的、有意义的内容，成为沟通学生学习与人类认识发现的重要桥梁。"联想与结构"需要学生的记忆、理解、关联能力以及系统化的思维和结构能力的共同参与，同时，这些能力也将在学习过程中得到进一步的发展。

作为学习方式所处理的学习内容，"联想与结构"是指学习内容不是孤立的，而是在结构中、在系统中的知识，是能够被唤醒、被调用的，是能够说明其他知识也能够被其他知识所说明的。知识不是词语的简单组合，而是有内在联系的结构与系统，并在结构、系统中显出它的意义。布鲁纳说："掌握事物的结构，就是以允许许多别的东西与它有意义地联系起来的方式去理解它。简单地说，学习结构就是学习事物是怎样相互关联的。"① 例如，之所以"颜色"这个词有意义，是因为物体除了颜色还有形状、大小、质地等特征，于是"颜色"便在与其他特征的联系与区分中获得了独立的意义；"颜色"之所以有意义，还因为它有多种具体的表现和维度，如有黑色、白色、红色、绿色等，"颜色"是对它的多种表现形式的共同特征的抽象。三角形之所以有意义，是因为它可以与四边形、五边形等区别开来，锐角三角形也由于直角三角形、钝角三角形的存在而获得其独立的意义。

建立事物之间的联系，就是在学生的已有经验与新经验（知识）之间建立联系，从而使学生与知识建立意义关联。夸美纽斯在《世界图解》一书中介绍了"活的字母"（象征字母表），即字母表中的字母和动物图画一一对应，动物所发出的声音就代表着字母的发音。例如，蟋蟀"兹兹"叫，对应字母"Z"；鸭子"嘎嘎"叫，对应字母"K"；等等。② 在夸美纽斯看来，机械地去掌握字母，会使学生陷入毫无意义的发音练习之中，令学生生厌。他的这个创造，使得儿童能够用他所熟悉的动物的叫声来联想字母的发音，虽然有些牵强，但至少唤醒了儿童自己的经验，使已有的经验介入学习，比机械地去练习发音要有意义得多。

教学中学生所学的知识不是零散的、碎片式的、杂乱无章的信息，而是有逻辑、有结构、有体系的知识；学生也并不孤立地学习知识，

---

① 布鲁纳. 教育过程 [M]. 上海师范大学外国教育研究室，译. 上海：上海人民出版社，1973：5.
② 夸美纽斯. 夸美纽斯教育论著选 [M]. 任宝祥，熊礼贵，鲍晓苏，等译. 北京：人民教育出版社，2005：94.

而是在教师的引导下，根据当前的学习活动去联想、调动、激活以往的经验，以融会贯通的方式对学习内容进行组织，从而建构出自己的知识结构。换言之，学生以建构的方式学习结构中的知识，从而也通过建构将学习内容本身所具有的关联和结构进行个人化的再关联、再建构，从而形成自己的知识结构。

学习学科的基本结构，以联想的、结构的方式去学习，是深度学习的重要特征。正如布鲁纳所说："不论我们选教什么学科，务必使学生理解学科的基本结构。这是在运用知识方面的最低要求，使它有助于解决学生在课堂外的遇到的问题和事件，或者在日后训练中课堂上所遇到的问题。经典的迁移问题的中心，与其说是单纯地掌握事实和技巧，不如说是教授和学习结构。……如果先前的学习使往后的学习更为容易的话，那就得提供一个一般的图景，按照这个图景，使先前与往后所遇到的事物之间的关系尽可能弄得清楚。"[1] 这种基本结构，是普遍的、强有力的适用性的结构。只有掌握学科的基本结构，才能明了学科的一般图景，弄清事物之间的相互关系。也正是在这个意义上，布鲁纳特别强调掌握基本结构对于学生智力发展的重要作用："我们也许可以把培养优异成绩作为教育的最一般的目标，但是，应该弄清楚培养优异成绩这句话指什么意思，它在这里指的，不仅要教育成绩优良的学生，而且也要帮助每个学生获得最好的智力发展。强调学科结构的良好教学，对能力较差的学生比起对有天才的学生来，可能更为宝贵，因为最容易被质量差的教学抛弃的，正是前者而不是后者。"[2]

（二）活动与体验：学生的学习机制

"活动与体验"是深度学习的核心特征，回答的是深度学习的运行

---

[1] 布鲁纳. 教育过程 [M]. 上海师范大学外国教育研究室，译. 上海：上海人民出版社，1973：8.
[2] 布鲁纳. 教育过程 [M]. 上海师范大学外国教育研究室，译. 上海：上海人民出版社，1973：6.

机制问题。"活动"是指以学生为主体的主动活动，而非生理活动或受他人支配的肢体活动；"体验"是指学生在活动中生发的内心体验。活动与体验相伴相生。若是主动活动，必会引发内心体验；理性而高尚的体验，必是在有意义的社会活动中生发的。

学生要成为学习的主体而不是被动的知识接收器，就得有"活动"的机会，有"亲身经历"（用自己的身体、头脑和心灵去模拟地、简约地经历）知识的发现（发明）、形成、发展的过程的机会。正是在这样的活动中，学生成为活动主体，"具备审美能力和文化修养，成为称职的文化继承者"[1]，成为一个具体而丰富的人。

学生的学习具有高起点性，即学生无须经历漫长曲折的试误摸索，就能直接面对人类认识成果。也就是说，学生并不依循人类知识发现（或发明）的过程，并不会由低到高、由错误到正确、由片面到全面地去重新经历一次，而是直接学习某一内容的最高成就，从人类认识的"终点"开始。这样的高起点，意味着学生不必从头开始探索，也不用在实践中积累经验、获得认识。如此，教学就走上一条捷径，快速但并不轻松。因为"学生认识的直接对象并不是客观事物本身，而是对客观事物及其联系进行描述的符号及符号系统；准确地说，是透过符号及符号系统去认识客观事物。同时，在符号及符号表达的客观世界之外，人类认识成果的发现与发明过程本身，也是学生的认识对象，是学生思考与质疑、批判与评判、分析与推理的对象。如此，学生的认识对象便是多重的。学生不仅要学习符号，还要在符号与客观事物之间建立联系，既要了解符号表述的逻辑，还要透过符号去了解客观事物及其内部联系，既要认识符号及其表达的意义，又要掌握人类发现知识以及用符号表达发现的过程。这便带来学生学习的巨大困难"[2]。

---

[1] 扬.未来的课程 [M].谢维和，王晓阳，等译.上海：华东师范大学出版社，2003：87.

[2] 郭华.带领学生进入历史："两次倒转"教学机制的理论意义 [J].北京大学教育评论，2016（2）：8-26，187-188.

学生的学习直接从人类认识结果开始，从概念、原理开始，这虽然保证了学生学习的高起点、目的性与教育性，但也容易导致忽视教学的真正目的，将知识传递本身当作目的，直接将知识"灌输""平移"给学生，将教学作为知识的"输入"与"输出"。正在这个意义上，强调"活动与体验"的教学机制便尤为重要。需要说明的是，学生的"活动""亲身经历"既不可能也不必要像人类最初发现（发明）知识那样，而是要典型地、简约地经历结构性的关键过程与关键内容。

以初中物理"惯性"为例。惯性是经典力学的一个基本概念。牛顿（Isaac Newton）在巨著《自然哲学之数学原理》里将惯性定义为："vis insita，或称物体本身固有的力，是一种起抵抗作用的力。它存在于每一个物体之中，并始终使物体保持现有的静止或匀速直线运动的状态。"[①] 如牛顿所说，惯性是物体固有的力，是客观"在那儿"的东西。但人类对惯性的认识和研究经历了漫长的历史，历经亚里士多德、伽利略、笛卡尔、牛顿的努力，才最终使惯性以及惯性定律（牛顿第一定律）成为经典力学的基本概念、基本定律。

对学生而言，他们不可能经历漫长而曲折的研究过程去亲历认识"惯性"的形成过程，同时，在还不具备独立探索能力的情况下，他们就需要直接面对教科书中关于惯性以及惯性定律的文字表述（如物体保持运动状态不变的属性叫作惯性。惯性代表了物体运动状态改变的难易程度。惯性的大小只与物体的质量有关。惯性定律是指任何物体在不受外力或受到一组平衡力时，总保持静止或匀速直线运动状态）。对于这时的学生而言，表述惯性及惯性定律的每一个文字符号他都认得，却难以理解这段文字表述的真正要义，这些文字对他来说并不是真正的学习对象，对教师来说也不是真正的教学内容。死记硬背这些文字表述无济于事，即使能够记得住、会做题，也不能真正理解它内在的道理，也不能把惯性及关于惯性的学习转化为自己理性健康成长的精神养分，也就是说，这样的

---

① 牛顿. 自然哲学之数学原理 [M]. 王克迪, 译. 西安: 陕西人民出版社, 2001: 6.

学习（教学）起不到促进学生自觉成长的作用。

深度学习则正是要使教学内容及关于教学内容的学习成为学生发展自己的养分与手段。为此，学生的学习就不能是独自面对静态的文字符号，而要在教师的带领下主动活动，通过听讲、实验、探索等方式去弄清这些文字所蕴含的原理。即学生要通过自己的主动活动，把文字结论及其隐含的意义变成自己的认识对象，变成自己成长的养分，变成自己成长的过程。

当然，学生的主动活动并不是自发的，而是依赖教师的引导以及教师对教学内容及学生学习过程与方式的精心设计的（参见前述"平方差公式"案例）。学生主动活动的过程，也是其全身心地体验知识的丰富复杂内涵与意义的过程，也是将生发丰富的内心体验、提升个人经验与精神境界的过程。在这样的过程中，学生能够在学习"硬知识"（"干货"）之外，体会到更深刻、复杂的情感以及学科思想方法。例如，学生只有进入知识发现（发明）发展的过程，才能感同身受，体会到"日心说"发现者强烈的思想、情感，体会到所学内容在学科发展及人类发展历史中的重要价值，也才能体会到教学内容对于个人精神成长的意义。

学生的主动学习活动，伴随着与老师、同学的交流、沟通、合作、竞争等活动，如教师的启发、引领，实验活动中同学间的互助合作，课堂讨论中的相互启发，小组作业中的相互依赖与信任，等等。这些活动本身，也典型地再现着知识发现（发明）过程中人与人的相互依赖、信任、竞争、合作。可以说，学习过程本身也是学生体验社会性情绪、情感，进行积极正向社会化的重要活动。

在深度学习中，教学不再是人们所讽刺的"颈部以上的"冷冰冰的理智活动，而是理智与情感共在的，鲜活的、有温度的活动。学生以全部的思想和精神去感受和体验学习活动的丰富复杂、细微精深，真切或模拟地去体验伴随活动而来的痛苦或欣喜的感觉经历。

教学中的"活动与体验"在所有内容的教学中都是核心。谢冕在

《重新创造的艺术天地》① 一文中所谈及的诗歌欣赏者的活动与体验，与教学无二，正是深度学习所要遵循的过程。谢冕所说的"再创造""再经历""再体验"正是教学活动中不同于"最初创造""最初体验"的教学特点。他所说的"把诗人由繁复的生活现象加以高度精练的东西，**还原**②到它原先的状态中去。**要把浓缩了的东西'泡'开**"的过程，正是教学的"第二次倒转"的部分，即通过"还原""泡"，使学生能够再次经历、再次体验。而这样的经历、体验，一定与学生自己原有的经历有关，会生发出新的体验、提升原有的经验。

如他所说："有趣的是，这种由具体的诗句引发的情思，其具体性可以因欣赏者的不同际遇而各不相同。它既有稳定性，又有随意性。……但那浮动在落月渔火的微茫中的一缕轻愁，则是相同的。""这个世界最大的特点就是读者往往走进诗人所创造的境界中去，往往把自己内心的主观世界融进诗的客观世界中去。"也正因如此，领略诗人书写诗歌的目的，并不是诗歌欣赏的最终目的，也正如教学的目的不只是掌握知识一样，"所谓诗的教育，也全在感情的潜移默化中进行"。

资料链接③

从根本上说，文学的欣赏活动，凭借语言这种无所不在的符号来进行，从符号再返回丰富的世界中来，这是一种**再创造**。诗歌的欣赏活动更是一种确切意义上的**再创造**。……在眼前展示的是诗的形象，这是诗人想象的产物。欣赏活动可以认为是对于诗人想象活动的**再经**

---

① 以下参见《普通高中课程标准实验教科书 语文读本5 珍贵的尘土》第109~第111页，人民教育出版社2007年出版。
② 文中字体加粗部分为本文作者强调的内容，请读者重点关注，后同。
③ 谢冕.重新创造的艺术天地［M］//人民教育出版社，课程教材研究所，中学语文课程教材研究开发中心.普通高中课程标准实验教科书 语文读本5 珍贵的尘土.北京：人民教育出版社，2007：108-111.

历和再体验。

……

为了克服欣赏上的困难，要做的一件事，就是要把诗中所提供的东西**"泡"**出来。就是说，要把诗人由繁复的生活现象加以高度精练的东西，**还原到它原先的状态中去**。**要把浓缩了的东西"泡"开**，这是诗歌欣赏中必经的一道"工序"（对于别的文体，这不是必需的，因为它们通过详尽的文字尽可以把内容讲清楚）。……

一般说来，优秀的诗篇总是避开直说。由于不直说，因而增加了欣赏的困难。正常的状况，诗人总是不直接向读者进行灌输，他们只是含蓄地点拨你，然后给你以天女散花般的想象的自由。言在此而意在彼，不是说明着什么，而是**隐喻**着什么。这是诗的一般规律，也是欣赏诗歌所必不可少的一种思想准备，或者叫做训练。当读到陶渊明的"采菊东篱下，悠然见南山"时，我们当然知道，它的意思并不限于字面所传达的，它有着更为深远的含意。

……

欣赏诗歌，由于它极精练，我们不仅要努力把握它以少量字词包孕着的丰富的含义，而且要努力去寻求它的诗句之外包含的不尽的韵味。这在中国旧诗词的欣赏中是极为普遍的现象。例如采菊东篱，心境悠然与南山相合，情寄东篱之外。唐代张继的《枫桥夜泊》："月落乌啼霜满天，江枫渔火对愁眠。姑苏城外寒山寺，夜半钟声到客船。"它的繁复的色彩和音响，烘托着江天子夜的秋景。末尾一句，以传到客船的夜半悠悠钟声，给人留下了言语难以表达的离愁别绪。**有趣的是，这种由具体的诗句引发的情思，其具体性可以因欣赏者的不同际遇而各不相同。它既有稳定性，又有随意性**。例如那悠悠的钟声造成的余韵，大体上总与羁旅客子的愁思有关。至于它在欣赏者心中所唤起的具体的思念，则是难以确定的：有人可因而感慨半生飘零，一事无成；有人可能思念老母娇妻；有人也许为友情的离弃而痛苦；也许为了贫病，也许为了惜逝……但那浮动在落月渔火的微茫中的一缕轻愁，则是相同的。

诗歌欣赏可以认为是读者在诗人所启示的范围内重新创造的艺术世界。**这个世界最大的特点就是读者往往走进诗人所创造的境界中去，往往把自己内心的主观世界融进诗的客观世界中去。**人们读李后主的词"问君能有几多愁，恰似一江春水向东流"，能够领会作者对于繁华失落的哀伤。他们对这首词的感受一般也被限定在追怀往昔的范围之内，添加进去若干属于自己的东西，使得"问君能有几多愁"的"愁"不再成为亡国之君的哀怨，而变成了属于每个人自己的怅惘、失落的情怀的寄托。

欣赏诗歌的目的，在于领略诗人抒写的情感，但这并非是最后的目的。欣赏诗歌，期望能通过诗人的启迪以引起共鸣式的感性的燃烧。所谓诗的作用和诗教，主要是指此而言。**所谓诗的教育，也全在感情的潜移默化中进行。**

（三）本质与变式：对学习对象进行深度加工

"本质与变式"回答的是如何处理学习内容（学习对象）才能够把握知识的本质从而实现迁移的问题。也就是说，发生深度学习的学生能够抓住教学内容的本质属性、全面把握知识的内在联系，并能够由本质推出若干变式。

把握本质的过程，是去除非本质属性的干扰、分辨本质与非本质属性区别的过程，也是对学习内容进行深度加工的过程。这个过程，不是教师将事物本质的文字描述告诉学生的过程，而是学生主动去把握的过程：或是"质疑""探究"，或是"归纳""演绎"，或是"情境体验"，等等，总之，要使学生与正在学习的内容之间建立一种紧密的灵魂联系。只有这样，事物的本质才会显现，事物也才会在学生面前展现出它最生动、最鲜活的风采。把握事物的本质，要求学生具备深刻而灵活的思维品质，而这种思维品质也正是在对学习对象进行深度加工、把握事物本质的过程中发展起来的。

把握事物的本质，是以简驭繁、削枝强干的前提，更是建构知识结构的前提。把握了事物的本质，便能于万千事实中把握根本，由博返约，头脑清明；把握了事物的本质，才能认识本质的多样表现、各种变化，才能举一反三、闻一知十。这里的"一"，便是本质，是关于事物的基本原理，是教学内容的核心。各门学科的基本概念、基本原理、基本法则等，便是这样的核心内容，如物理中的万有引力、化学中的氧化还原等。甚至汉字也有本质属性，掌握了汉字的本质属性，便可以"望字生义"了。汪曾祺说："中国人是用汉字来思维，汉字可以'望文生义'，'浩瀚并非小水'，'涓涓定是细流'。"[1] 鲁迅说："写山曰崚嶒嵯峨，状水曰汪洋澎湃，蔽芾葱茏，恍逢丰木，鳟鲂鳗鲤，如见多鱼。"[2]

帮助学生把握知识的内在联系与本质，是教师的重要工作。瑞典学者马飞龙指出："我们发现：学习结果与教师对教学内容的处理和组织（即教学内容知识），有比较大的关系。最关键的是教师对教学中相同点与不同点、变与不变的内容的呈现和处理。"[3]为了帮助学生把握知识的本质，教师在教学中除提供学习内容的标准正例之外，还必须设计和提供丰富而又具有典型意义的非标准正例甚至反例。当然，反例的提供必须在学生很好地理解了正例之后，以免造成思想混乱。例如，为使学生把握"角"的本质，不仅要提供"锐角"（标准正例），还要

---

[1] 汪曾祺. 晚翠文谈新编［M］. 北京：生活·读书·新知三联书店，2002：103.
[2] 鲁迅. 鲁迅全集：第九卷［M］. 北京：人民文学出版社，1981：344.
[3] 引自马飞龙在北京市海淀区教育科学研究所与北京师范大学课程与教学研究院于2011年5月合作举办的"运用变异理论拓展学习空间——首届变异教学理论课堂实践研讨会"上的发言。

提供"零度角""直角""钝角""平角""周角"（非标准正例），从而帮助学生全面把握"角"的本质含义，避免形成"角是尖尖的"这种片面认识。

通过恰当而典型的例子来呈现教学内容，是教师的重要工作之一。这样的例子是教师根据知识的关键属性与学生的经验及认识水平进行配比后，对知识进行重组、加工的具体案例，它既典型地体现知识的关键特点，也内含着学生对之进行再加工的思考与操作方式。

判断例子是否恰当而典型，就看其是否能与学生已有经验相接，能否帮助学生顺利进入教学情境、参与教学活动。例如，在小学数学"周长"的教学中，有老师出示了这样的例子。（见图2-1）

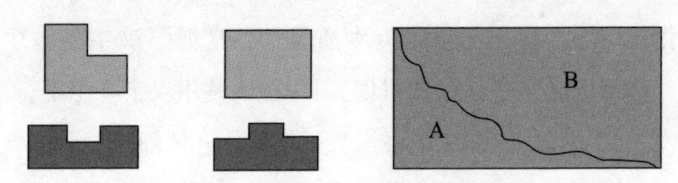

图2-1 两个图形的周长一样吗？

学生关于周长的经验往往是感性的、直观的，认为图形的形状、大小一样，周长就一样长；图形不一样，周长就不一样长；图形大的，周长长；图形小的，周长短。所以，在图2-1的左边四图中，上面的一组图形及下面的一组图形，每组各自的图形形状并不一样，学生会直观判断每一组的两个图形的周长都不一样长；图2-1的右边大图的A、B两个图形中，B要比A大许多，学生也会直观判断B的周长要比A的周长长。这个例子触及学生已有经验中的片面性，因而能够较好地引发学生的认知冲突，引导学生去主动发现和探索周长的本质特征。

这个例子好就好在它通过"变异"的图形呈现出"不变"的周长，进而呈现出周长的本质特征，即"周长与图形大小无关而与图形的边长有关"；这个例子的恰当处在于它使学生能够在"变异"中把握"不变"的本质，把"不变"的本质迁移运用到"变化"的情境中去。

在教学中，类似的例子既包括标准正例，也包括非标准正例甚至反例。

所谓标准正例，是概念与命题的理想范例，是集中体现知识典型特征的例子，并与学生的已有经验接近，如"麻雀"之于"鸟"、"锐角三角形"之于"三角形"、"白菜"之于"蔬菜"、"苹果"之于"水果"、"35+48+65＝（35+65）+48"之于"加法交换律、结合律"等。这样的标准正例能够帮助学生迅速理解概念或命题的核心意涵。但是，若学生只接触这类正例，很可能形成刻板印象，影响学生对概念本质的全面把握，更影响学生的思维品质。例如，"鸟"的概念的形成，如果只举标准正例"麻雀"，便会强化学生在生活中对于鸟的经验认识（有翅膀、会飞），阻碍科学概念的正确形成；如果举出非标准正例"企鹅"（不会飞），就会引发学生去深入观察、探究鸟的关键特征，形成"鸟"的科学概念。如果不充分运用非标准正例来全面揭示知识的关键属性，学生就很难把握知识的本质。我们曾经在不同场合询问过上千位成年人关于"三角形的高"的定义。大多数人给出的答案是"从三角形的一个顶点向它的**对边**作垂线，顶点到垂足之间的线段就是三角形的高。"在引导之后，一部分人才意识到上述关于三角形的高的定义是不周延的，应该是："从三角形的一个顶点向它的对边**所在的直线**作垂线，顶点到垂足之间的线段叫作三角形的高线，即三角形的高。"为使学生更好地把握知识的本质，需要"举一反三"，即根据知识的内在道理（"本质""一"）举出多个典型的、体现知识内在联系的具体表现形式（"三"），从而使学生根据变异的例子（"三"）主动自觉地"发现""归纳"知识的本质（"一"）。如此，则不仅需要标准正例，还需要非标准正例甚至反例（例如，鲸鱼不是鱼），从而使学生在对比中理解、把握、"发现""归纳"出知识的本质特征。

学生把握了本质便能举"一"反三，由本质而幻化出无穷的变式，实现"迁移与应用"。更重要的，把握知识本质的学习过程，能够使学生"学会学习"，形成对学习对象进行深度加工的意识与能力，提升学生的智慧水平，加强学生与知识间的内在联系。

（四）迁移与应用：在教学活动中模拟社会实践

"迁移与应用"解决的是知识向学生个体经验转化的问题，即将所学知识转化为学生综合实践能力的问题。"迁移与应用"需要学生具有综合的能力、创新的意识，同时，"迁移与应用"也正是有目的地培养学生综合能力、创新意识的活动。

"迁移"是学习发生的重要指标，"应用"则是迁移的重要表征之一，也是检验学习结果的最佳途径。如果把学习活动看作一个闭环结构，那么"迁移"便在闭合处，既是学习开始的端点也是学习结束的端点，从别处"迁移"来，又从这里"迁移"到别处去；"应用"也是如此，既是上一个环节学习结果在此处的"应用"，又通过"应用"开启新的学习。如此，学习内容的系统性、结构性以及随着活动深化而展现的深刻性与丰富性，学生学习的主动性、积极性、自觉性，都在"迁移与应用"中得以显现，并在活动中得以培养与加强。

"迁移与应用"同"本质与变式"有着内在的关联。在一个学习活动中，先有对事物本质联系的把握，才有"迁移与应用"。"迁移与应用"是对"本质与变式"的印证与检验。"本质与变式"强调学生对教学内容的内化，而"迁移与应用"则强调学生对学习结果的外化。"迁移与应用"和"联想与结构"也是对应的，有"联想"才能有"迁移"，有"结构"才能去"应用"，反之同理。

在深度学习中，"迁移与应用"是重要的学习方式而不只是对学习结果的检验方式。"迁移"是经验的扩展与提升，"应用"是将内化的知识外显化、操作化的过程，也是将间接经验直接化、将符号转为实体、从抽象到具体的过程，是知识活化的标志，也是学生学习成果的体现。

"迁移与应用"的更重要的意义在于，这是学生在教学活动中对未来将要从事的社会实践的初步尝试，也是教学具有教育性的重要体现。这是我们以往未曾自觉关注而需要特别予以重视的。

（五）价值与评价："人"的成长的隐性要素

"价值与评价"回答的是教学的终极目的与意义的问题，即教学是培养人的社会活动，要以人的成长为旨归。人的所有活动都内隐着"价值与评价"，教学活动也不例外。深度学习将教学的"价值与评价"自觉化、明晰化，自觉帮助学生形成正确的价值观、形成有助于学生自觉发展的核心素养，自觉引导学生能够有根据地评判所遭遇的人、事与活动。例如，在深度学习中，"防腐剂的发明与使用"，不仅仅是纯粹的关于化学知识的学习，还要使学生能够有根据地给出自己的态度与判断，与知识建立起意义关联，成为能够评判与选择知识的主体。

"价值与评价"不是教学的某个独立的学习阶段或环节，却萦绕在各个阶段、各个环节的所有活动中。学生的"价值与评价"活动，在教学中的实质作用是：（1）使学生自觉思考所学知识在知识系统中的地位与作用、优势与不足、用途与局限；（2）使学生对所学知识及学习过程主动进行质疑、批判与评价。在教学中要竭力使学生养成这样的品质与意识：既要承认"知识的力量"，肯定知识的正面价值，又要警惕知识可能带来的束缚与奴役；既要积极主动地将外在知识内化于己，又能持客观冷静的态度，与知识保持一定的距离；既要主动展开学习的过程，又要对学习活动展开的过程以及方式持有批判反思的态度。要让学生理解：学习知识是为了成为知识的主人，而不是被知识奴役；学习过程既是学习知识的过程，又是自我成长的过程，要用正当、合理的方式，不能"不择手段"。在这个意义上，学习内容以及学习方式都必须成为学生反思的对象，学什么、怎么学都需要反思批判，不应把它们作为理所当然、无须质疑的客观事实。

需要特别指出的是，对知识及其学习过程进行评判的意识与能力，不是自然而然形成的，而是在教学活动中、在"参与"知识形成的过程中、在批判性的认识与理解的过程中形成的。因此，对所学知识及其过程进行评判，是手段也是目的，其终极目的在于养成学生自觉而理性的精神与正确的价值观，形成学生自主发展的核心素养。是否关注学生理性精神与价值观的形成，是否关注学生核心素养的形成，是教育活动与其他活动（传递知识、盲目探究）的根本区别。

当然，价值观的培养、核心素养的形成，是一个隐性的过程，更是一个长期而缓慢的过程，也因为如此，才需在教学活动中给予特别关注。

五、深度学习的理论价值与实践意义

深度学习的理论不是某一流派的理论演绎，而是历史上优秀教育理论成果及优秀教学实践经验的汇聚与提炼，是对学生学习与发展的一般道路的现实探讨。

相当长的时期内，教学理论研究及教学实践探索在教学活动的基本问题上，常常偏执一隅。例如，在涉及师生在教学中的地位与作用时，要么强调学生主体，将"学生主体"与"教师主导"对立起来，从强调"学生主体"走向"学生中心"；要么反其道而行之，强调教师的领导作用以至发展为"教师中心"。而所谓的"学生中心"，只是孤立强调"学生"的兴趣、需要、尊严而回避学生在教学中如何能够获得发展、应该承担怎样的责任；同样，"教师中心"的主张也往往是撇开现实的教学活动去抽象地谈论"教师"的素养与技能，很少关心教师在教学活动中的现实处境和教师的价值及其实现。谈及教学内容（知识，人类认识成果）时，往往孤立地关注教学内容作为认识成果本身的价值，强调被继承、被传递的重要性，很少将教学内容与学生的发展联系起来考量，也很少将学生的发展与人类的未来实践活动进行关联思考。教学内容（知识，人类认识成果）与学生经验常被看作有着天堑鸿沟的两立对立面，很少有人自觉探讨两者的共通性与连接点，因此，在以人类认识成果为主要教学内容的教学活动中，便常以极端两立的方式进行教学而不能以恰当的方式对人类经验与学生个体经验进行连接。例如，要么系统讲授（强调人类认识成果的逻辑与系统），要么自主探究（强调学生个体直接经验的重要性）；要么重过程（强调学生经验），要么重结果（强调人类已有经验）；等等。

深度学习的理论价值，不仅在于克服机械学习、浅层学习的弊端，让学生学得主动、积极；更重要的是，要克服长期以来的种种二元对立，使教师、学生、教学内容（知识）获得高度的统一，使教学内容（人类历史文化、人类认识成果）实现其本应有的价值，使教师、学生在教学中获得最大发展，使学生能够形成有助于未来持续发展的核心素养。

（一）深刻认识教学的根本目的：立德树人

学生学习的最终目的并不是掌握已有的知识（虽然掌握知识是必要的途径），而是能够在将来进入社会历史实践、参与社会历史实践并创造美好的未来生活。为此目的，学生必须以主动的、明辨是非的、独立思考的方式，把人类已有的实践（认识）成果转化为自身将来参与社会历史实践的能量，成为有能力、有担当、有责任感的社会一员。

在深度学习这里，不是把知识（人类认识成果）平移、传输、灌输给学生，而是由教师带领学生进入知识发现发展的情境、过程，引导、帮助学生成为知识发现的"参与者"而不是旁观者。换言之，学生并不静待接受知识，而是主动"进入"知识发现发展的过程，"亲身"经历知识的"（再）形成"和"（再）发展"过程。因此，学习的过程，不仅仅是学习知识，更不止于学习知识，甚至学习知识本身只是手段，目的在于使学生能够作为主体"参与"（虽然只是简约地、模拟地参与）人类的伟大历史实践，了解并认同知识背后所蕴含的情感态度与价值观，提升学生的文化水平与精神境界，使其成为具有高级社会性情感、积极的态度以及正确的价值观，有社会责任感，勇于担当的未来社会的主人。

在深度学习中，学生是学习的主体，教师是引导者而非学生学习的替代者，教学内容不是只需学生记忆的、外在于学生的，静态的、客观的知识，而是需要学生全身心投入去理解、领会、评判、体验、感受，才能"活"起来、"动"起来的知识。在教师的引导下，学生不仅能够掌握知识的（文字）符号表达以及（文字）符号表述的逻辑，还能够理解文字符号所传达的内容与意义，即能够对教学内容进行深度加工。以诗词学习为例，"小诗小词虽短，却不容易读。它虽以理解客观的词义与句义为前提，但却有作者丰富的主观感受和体验蕴含其中，它的意境常常潜藏在容易忽略的一字一句之内，甚至暗含在并未书出的无字无句之中，需要发掘，需要领会"[1]。深度学习就是要引导学生透过符号去感受理解符号背后的内容与意义，甚至要体会"未书出的无字无句之中"的内容与意义，去理解知识最初发现时人们面临的问题、解决问题的思路，采用的思维方式、思考过程，理解知识发现者可能有的情感，判断、评价知识的价值。只有经历这样的过程，知识才可能通过学生的主动操作活化为学生的精神力量，转化为学生认识世界的方式，学习的过程才能成为学生成长发展的过程。

总之，深度学习的意义在于，通过学习让学生"参与"人类已有的社会实践，使得人类历史与学生息息相关，使学生成为能够在历史中展望未来、创造未来的社会实践主体。

（二）重新认识教学目标的价值

教学目标是教学活动的出发点和归宿，是教学活动的"定海神针"。没有教学目标，教学活动就没有了得以开展的依据，也没有了考查质量的依据。因此，教师都知道教学目标是不可少的，但是，在一节课中，教学目标究竟应该是什么，教学目标与教学内容、教学活动之间的关系究竟是怎样的，又很难说得明白、清晰。

---

[1] 王宁. 训诂学原理[M]. 北京：中国国际广播出版社，1996：254.

关于教学目标，年轻的教师经常会有以下几种错误理解。

（1）将教学内容当成教学目标（如三角形的性质、传记的特点、万有引力等），而不是把学生学习了这个内容之后获得的发展当作目标。

（2）将那些要求学生获得的一般性发展当作教学目标（例如，创新思维得到提高，动手操作能力得到改善，等等），既不说明创新思维的更具体的指标，也不说明究竟通过什么样的内容和活动能够达到这些目标。

（3）将教师在课堂上的活动当作教学目标（例如，讲解动名词的几种用法，演示制氧实验，组织学生讨论鲁迅的《狂人日记》，等等），而没有说明学生应该做什么，能够获得什么发展。

也就是说，教师对教学目标的认识是割裂的，没有把教学内容、学生的发展以及教师的活动统一起来。深度学习的实验与实践，就是要引导教师将这三者有机统一起来，制定真正能够帮助学生实现发展的教学目标。作为学生学习的引路人，教师在制定教学目标时，必须知道学生有怎样的基础与条件，知道教学内容能够培养学生的哪些素养，知道要达到这些目标需要哪些活动来转化，知道设计什么样的活动能够让学生以主体的方式去展开深度学习，等等。换言之，教学目标不是教师主观制定的，而是对学生、教学内容以及活动的关联结果的表述；教学目标不是摆在那里作为教学设计的一部分的，而是要真正作为引导教学活动、实施持续的教学评价的依据来发挥作用的。

当然，教学活动还存在不少令人难以预测的结果，这些结果虽不在预期的目标中，但却作为结果存在，这恰恰是人类活动的魅力所在。作为自觉的教学活动的引导者，教师的重要作用之一，就是带领学生追求那些健康向上、积极正向的结果，并努力消除可能有的负面结果。

（三）重新认识教学内容的意义

深度学习的一个重要标志，就是能将外在的教学内容转化为学生内在的精神力量，但教学内容并不能直接转化为学生的精神力量，必先转化为学生能够进行思维操作和加工的教学材料，成为学生学习的对象。

所谓"教学材料"，是指由教师提供的、蕴含教学意图的、能够通达教学内容的符号或实体性材料，如用于表述知识的符号，以及教具、音像制品和教师的板书、示意图等具体的物质实体。教学材料既是人类认识成果的具象化，内在地包蕴着知识、思想、情感态度与价值观，同时也包含着教师为学生的学习活动而设计的活动方式、路径以及过程、环节，是教师对学生素养形成的自觉规划与引领。也就是说，教学材料所蕴含的不只有通常所说的"干货"（知识），也有让"干货"得以泡发的情境、情感、情绪（如纠结、疑虑）、价值观、思想过程、思维方式（如质疑、批判、推理、归纳等）等。这样的教学材料，才是学生在教学中能够操作、思考、学习的对象，学生通过操作、思考和学习，全面把握并内化知识的核心本质。

教学内容是学生深度操作、加工教学材料之后所获得、体会、掌握了的东西。

当教学内容转化为教学材料后，教学内容便从"硬"的知识转变为动态、丰富、鲜活的人类认识过程，成为可以进行思维操作和加工的对象，从而能够在学习活动中转化为学生的精神力量，引导学生的成长与发展。正是在这个意义上，当静态的知识转化为学生的现实力量时，人类认识成果（知识）才实现了它自身的价值，才能继续作为认识成果存在于人类历史之中，成为与未来社会实践相关的人类历史成果（而不是静态的存在物）。这正是教学之于人类历史文化的意义，也是人类历史文化自身的价值所在。

（四）重新认识教师的价值

没有教师，虽会有学习但不会有教学中的学习。教师的教学意识与能力水平，决定着学生能否发生深度学习。

教师与学生的深度学习是相互成就的。所谓"学然后知不足，教然后知困"，没有好的教师，就不可能有学生的深度学习；同样，在不断引发学生深度学习的过程中，教师也得到了持续的发展。

在信息时代，教师再也不能只作为知识的传递者而存在。引起学生的学习愿望，引导学生的学习活动，帮助学生学得迅捷、愉快、彻底，启发学生在学习过程中质疑、批判、深入思考，是教师存在的最根本的理由和价值，也是教师不能被虚拟技术所替代的根本。对于教学中的教师而言，从来没有所谓的"教师中心"，教师的所有愿望及一切工作的出发点，都只是为了学生的学习。深度学习要求教师自觉地赋予自己更丰富的职责，把社会的期望转化为学生个人的愿望，把教学内容转化为教学材料，引导学生去思考和体会教学材料所蕴含的复杂而丰富的思想和情感内容，带领学生从自在的个体成长为有思想、有能力、有高级的社会性情感、有积极的态度和正确的价值观的未来社会的主人。这样的教师，是为学生成长服务的教师，也是成就自己、实现自己存在价值的教师。

在深度学习这里，教师与学生、学生与课程、人类知识与儿童经验、知识学习与能力培养、知识学习与品格养成、知识学习与情感需要，不再是分离对立的，而是有机地融为一体，而教学活动则是与整全的、有意义的学生个体生命息息相关的活动。

第三讲

怎样实现深度学习

学而不思则罔，思而不学则殆。

——《论语·为政》

好的教学必须能唤起儿童的思维。

——约翰·杜威

考试后，试卷讲评时，常常听到学生无奈地说："这些知识我都会，怎么解题时就想不到？老师一讲就明白，可是我自己怎样才能想到这些呢？"

听课时，常常听到老师说："这知识我都讲三遍了，你们怎么还错啊？"

最近一次到某校进行初三年级和高三年级的专题调研，一位主管领导说："我们的老师特别投入、非常辛苦，但是现在的学生真不学。放学后老师陪着他背到晚上七点，甚至九点，第二天来学校了再问他，他又忘了。"

这些，是现在很多学生、老师会遇到的困惑和无奈。这些问题，究其本质，就是学生对所学内容不理解、记不住，或者记住了但不会用，又或者会用但无法迁移解决新的问题，还有就是没有兴趣，不想学、不爱学、不会学。而这些问题都不是靠延长学习时间、反复讲解和重复训练解题能够解决的。

深度学习，坚持价值观与能力并重育人，可以帮助学生解决记不住、不会用和不想学、不会学的问题，并帮助学生在获得知识的同时，获得面对不可预知的未来的高级素养、全球化能力等。学生学习的最终目标不是记住更多的知识、掌握更多的技能，以此来获得考试的高分，而是获得未来进入社会后能够生存、参与社会活动、为他人和社会做出贡献、幸福生活的核心素养。具备这些素养，考试的成绩也自然会好。深度学习体现了育人为本的基本理念，它让每个孩子都能精彩，让每个孩子都能发现自己的潜能和优势，有持久且浓厚的学习兴趣。那么，教师怎样才能帮助学生实现深度学习呢？

一、把握深度学习的四个重要环节

深度学习倡导单元学习。它要求教师建立好学科核心素养与学科核心内容之间的关系，依据课程标准和教材，选择有利于培养学科核心素养的教学内容和情境素材，制定学习目标、选择学科内容、设计学习活动、开展课堂教学、进行学习评价，环环紧扣，使学科核心素养具体化，可培养、可干预、可评价。这就需要教师不断更新观念，主动学习，对教学内容进行二度开发，集中精力从事创造性活动。在课堂教学中，教师通过提高学习设计的规范性和系统性，增强学习过程的体验性、互动性和生成性，实现"教—学—评"的一致性，以此更好地发展学生的核心素养，提升学科课程的育人品质。

开展单元学习有四个重要的环节，即选择单元学习主题、确定单元学习目标、设计单元学习活动、开展持续性评价，参见图3-1，这也是"深度学习的实践模型"的四个要素。

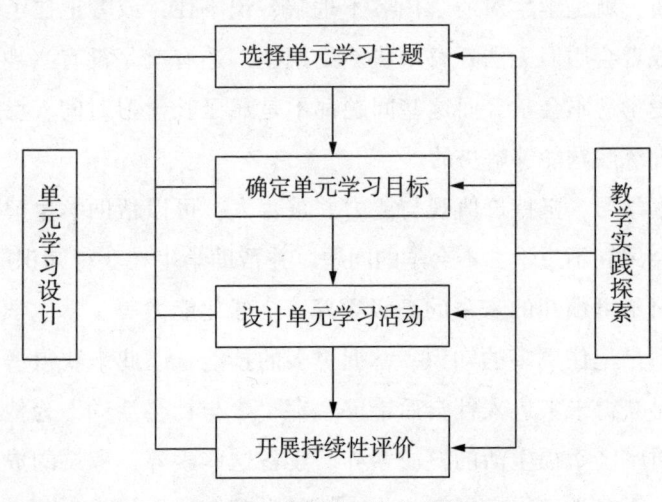

图3-1 深度学习的实践模型

那么，对于教师来说，深度学习的四个环节该怎样做呢？应该考虑哪些因素？具体操作步骤是什么呢？

（一）如何选择单元学习主题

结构化、情境化、凸显学科大概念的知识，发展核心素养的功能最强。单元是知识结构化的重要表现。"单元"是指学科课程实施的单元，通常以主题为中心。"单元学习主题"是指依据课程标准，围绕学科某一核心内容组织起来的，体现学科知识发展、学科思想与方法深化或认识世界的方式丰富，能够激发学生深度参与学习活动、促进学生学科核心素养发展的主题。从"内容单元"到"学习单元"是深度学习的重大突破，单元内应是一组彼此有关联的学习内容和学习活动。

1. 确定单元学习主题有四个依据

依据一是学科课程标准。课程标准是国家课程的纲领性文件，规定了每个学科的课程性质、课程目标、课程内容、实施建议和评价建议等。课程标准反映了基础教育课程改革所倡导的基本理念、基本规范和质量要求，是国家对学生学习该学科课程后应达成的价值观念、必备品格和关键能力结果的期望。学科的课程标准是确定单元学习主题的第一依据。在课程标准中，课程目标具体而全面；课程内容是划定的学习领域，即该学科学生应该学习什么和经过学习后应该知道什么内容，整体呈现了学段的学科课程内容和具体内容之间的关系，结构性强。例如，普通高中化学课程由必修课程、选择性必修课程和选修课程三类构成，具体内容如图 3-2 所示。

依据二是学科教材内容。教材是依据课程标准编制的、系统反映学科内容的教学用书，是课程标准的具体化。教材是国家落实育人目标的具体措施，教材的编写要兼顾全国各地的情况，处理好教学内容的思想性与科学性、理论与实际、知识和技能的广度与深度、基础知识与当代科学新成就的关系，精选学科内容，并以学科大概念为核心，

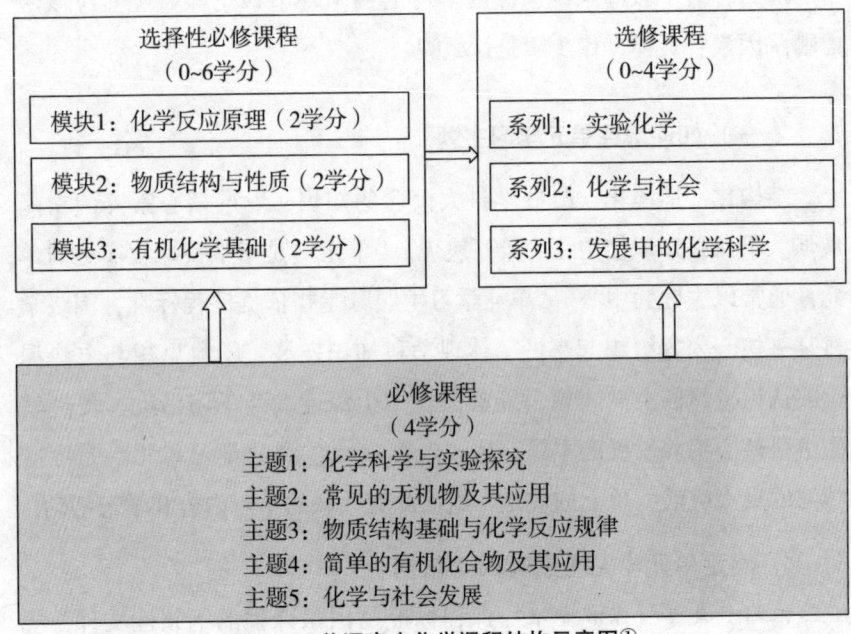

```
┌─────────────────────────┐      ┌─────────────────────────┐
│   选择性必修课程          │      │      选修课程            │
│   （0~6学分）            │      │    （0~4学分）           │
│  ┌───────────────────┐  │      │  ┌───────────────────┐  │
│  │模块1：化学反应原理（2学分）│  │  →  │  │系列1：实验化学      │  │
│  └───────────────────┘  │      │  └───────────────────┘  │
│  ┌───────────────────┐  │      │  ┌───────────────────┐  │
│  │模块2：物质结构与性质（2学分）│      │  │系列2：化学与社会    │  │
│  └───────────────────┘  │      │  └───────────────────┘  │
│  ┌───────────────────┐  │      │  ┌───────────────────┐  │
│  │模块3：有机化学基础（2学分）│  │      │  │系列3：发展中的化学科学│  │
│  └───────────────────┘  │      │  └───────────────────┘  │
└──────────▲──────────────┘      └──────────▲──────────────┘
           │                                │
           └────────────┬───────────────────┘
                       │
        ┌──────────────┴──────────────────────────┐
        │              必修课程                    │
        │             （4学分）                    │
        │   主题1：化学科学与实验探究               │
        │   主题2：常见的无机物及其应用             │
        │   主题3：物质结构基础与化学反应规律        │
        │   主题4：简单的有机化合物及其应用          │
        │   主题5：化学与社会发展                   │
        └─────────────────────────────────────────┘
```

图 3-2 普通高中化学课程结构示意图①

按照有关科学知识的内在逻辑、学生学习的科学规律组织内容，使之结构化；然后按学期或学年分册，对每册再划分具体的单元或章节。教材还会设置多个栏目，如目标预览、实验探究、观察思考、联想质疑、交流讨论、方法引导、学以致用、迁移应用、资料在线、拓展视野、概括整合、微项目等，这些栏目是教师进行教学设计、组织教学活动的最好支持。教材内容是教师选择教学内容、组织教学活动的重要依据。根据本校学生情况，最大限度地用好教材，使课程内容情境化，这是实现深度学习的关键，教师不要轻易改编教材。

依据三是核心素养的进阶发展。教学具体内容时要做到"心中有全局"，才能举重若轻、做好衔接。核心素养的特征之一是具有统摄功能，每一个学科核心素养在学生发展的不同阶段都有不同表现，对之

---

① 中华人民共和国教育部. 普通高中化学课程标准：2017年版 [M]. 北京：人民教育出版社，2018：9.

教师要全面了解、理解，才能够站在学科整体角度做好单元学习主题的选择和确定。基于学科思想方法和大概念选择单元学习主题，就要以学科核心素养及其进阶发展为目标，对相关核心教学内容进行整合，体现学习目标、学习情境、学习任务、学习活动和学习评价的一致性。

案例链接

北京市海淀区地理学科教研团队研发的主题为"地形"的单元，是一个跨学段的大学习单元，可以分别在初一年级、初二年级、高一年级和高三年级设计小单元。

地形是自然地理环境的基本要素之一，是中学地理学习的重要内容，也承载着落实地理实践、综合思维、人地协调等重要核心概念的学科育人功能，在初中、高中学段分别有不同的课程内容和目标。

在初中学段，首先要形成认识地形的基本能力，并主要以不同尺度的区域为载体，将其作为环境组成要素之一进行进阶学习；同时在人地关系这一学科主要线索之下，认识地形与其他要素之间的关系及其对人类活动的影响。

在高中学段，则要从大气运动、地壳物质循环、水循环、农业区位选择等地理过程深化对地形的原理性认识，进而通过整体性、人地关系、区域可持续发展等理论深化和提升对地形作为要素与其他地理要素相互联系、相互制约的认识，最终通过使用概念及原理性认识分析、解决区域发展问题，达到迁移应用的认知阶段。

本单元学习主题的内容设计包含对初、高中学习进阶的整体考虑。表3-1为对"地形"主题内容在中学地理阶段的学习进阶、表现标准、学科素养水平等相关内容的梳理。

表3-1　中学地理"地形"单元学习主题进阶梳理

	初一年级	初二年级	高一年级	高三年级
课程标准要求	在等高线地形图上，估算海拔与相对高度；在地形图上识别五种主要的地形类型；运用地图和其他资料，归纳某大洲地形的特点	运用地形图和地形剖面图，归纳某地区地势及地形特点，解释地形与当地人类活动的关系；举例说明区域内自然地理要素的相互作用和相互影响	以某区域为例，分析该区域存在的环境与发展问题，诸如水土流失等发生的原因，了解其危害和综合治理保护措施	以某区域为例，分析该区域存在的环境与发展问题，了解其危害和综合治理保护措施
内容	地形是地表呈现出的高低起伏的各种状态。可从地形类型、分布、地势起伏等方面描述地形特征	地形是构成地理环境的重要要素，可以对其他要素产生影响；地形与其他要素相互联系，构成区域特征，对人类生产活动也有影响	地球表面地貌的形成过程是地壳物质运动变化的重要部分，是产生各种地形的基本原理；从自然环境的整体性中认识地形与其他要素的相互作用	在具体区域中运用整体性原理，认识区域可持续发展问题
学业标准表现	运用地形图读出海拔高度；识别地形类型和地形区；描述地势、地形类型及其分布状况，归纳地形特征	运用地形图归纳某区域地形特征；运用资料说出地形与河流等要素之间的关系；说明地形、地势特征对人类活动的影响	运用资料分析区域地形与其他各地理要素的关系；归纳区域自然环境、自然灾害与环境问题	运用资料整合地理信息，在具体情境中分析并解决地理问题，从人地协调的角度为区域发展提出合理建议

续表

	初一年级	初二年级	高一年级	高三年级
进阶表现	落实基础知识、基本技能，建立概念	深化概念，建立联系，能够初步综合	深化综合，由定性到定量、由因果关联到过程展现	综合分析与应用，建立由单一问题到综合问题的联系并予以解决
综合思维素养	能够运用地图工具获取并判读地形信息；理解地形概念，认识地形是自然地理环境的组成部分	能够从地形与某地理要素的相互作用，即从两个地理要素相互作用的角度进行分析	能够从多个地理要素相互影响、相互制约的角度进行分析；能够结合时空变化，对地理事象的发生、发展进行分析，给出简要的地域性解释	能够综合各要素，系统分析其相互影响、相互制约的关系，从时空综合维度对地理事象的发生、发展和演化进行分析，给出合理的地域性解释
区域认知素养	知道地理环境是由区域组成的；描述区域的地理位置	将地理现象（地形）置于特定区域中加以认识；能够认识和归纳区域特征	从区域的角度认识地理现象，能够简单解释区域开发利用方面决策的得失	从区域特征、区域联系等方面认识区域；能够为赞同或质疑某一区域决策提出相关论据

依据四是学生实际情况。单元学习主题不是唯一的，适合学生的就是最好的。不同地区、不同学校、不同学段、不同学习环境的学生情况差异很大，他们在知识基础、能力基础、思维方法、专注程度、认知结构、学习习惯、学习动机以及时间统筹和自我管理能力等方面都会存在差异。根据差异，可以调整学习单元的大小、学习任务的解构程度和学习时间的安排。

> **案例链接**
>
> "解码水奥秘，珍惜水资源"是北京市海淀区实验小学五年级语文单元学习的主题。教师打破语文课文单篇教学的常规模式，对一至六年级教材中"水"的相关内容进行系统梳理，并以此为基础设计整体活动，规划具体的学习路径，让学生在完成任务中提升素养。本单元共8个课时，将语文学习与社会生活、能力提升与意识建立、文本学习与实践活动有机整合，以品味、欣赏为基础，通过学生实践、表达输出的过程，达成学习目标。
>
> 其中，"解码水奥秘"强调对学生阅读能力的培养，让学生通过阅读了解水的相关知识，在学习中发现文字的"理趣"；"珍惜水资源"是在"解码水奥秘"的基础上，利用人文主题的丰富内涵发展学生珍惜水资源的意识和能力。在这个过程中，学生语言的建构和运用能力得到了提高，思维能力得到了发展，社会责任感也更强了。

把握住单元学习主题选择的核心思路，上述教学设计思路是可以迁移到其他学校、其他地区的，即选择本地区的特有资源，关联教学内容、选择单元学习主题，再进行单元学习设计。例如，湖北十堰地区是"南水北调"工程的水源地，当地政府和居民为保护水资源做了巨大贡献。关于水的单元学习就可以以此为素材。再具体到十堰代管的丹江口市，美丽的丹江水便是当地学生学习的资源，他们的单元学习主题可以是"水的奥秘，绿水青山就是金山银山"——这就是在山水之间的实践性学习。

2. 确定单元学习主题有四种思路

一般说来，有四种选择单元学习主题的思路。一是按照教材章节的主要内容来组织，选择与教材编写的单元或章节一致的单元学习主题。这种方式操作起来比较容易，而且如果课程标准、教材的单元内容比较聚焦，就没有必要改变教材章节的安排。二是按照学科核心素养发展的进阶来组织，打通年级甚至学段，同时考虑具体的学科学习内容，跨教材单元、章节对相关内容进行整合来确定单元学习主题。但这对教师的要求较高。三是按照主题性任务来组织。任务可以是学科内的学习单元，是学科学习必要的组成部分，这些内容也可以自成小系统。其主题要紧密关联本学科核心内容，是学生学习的重点、难点；同时它又广泛连接科技前沿和学生的日常生活、社会生活、政治生活等。四是按照真实情境下的学习任务跨学科来组织，选择综合性、实践性和开放性都很强的单元学习主题以发展学生综合运用各学科相关知识、技能和方法来解决实际问题的能力，这类主题的特点是综合性强、实践性强、开放性强。

案例链接

"多角度认识物质的化学变化"是北京市八一学校初中化学复习阶段的一个学科内综合的单元学习主题。从课程标准角度看，"物质的化学变化"是课程标准中的一级主题；"化学变化的基本特征""质量守恒定律"和"认识几种化学反应"是其下的三个二级主题，主要包括化学变化的特征、化学反应的类型、化学反应中的能量变化以及质量守恒定律和化学反应的表示方法等内容。但是，以上内容在教材中不是集中呈现的，而是从第一单元"物质的变化和性质"到第八单元"金属和金属材料"，再到第十单元"酸和碱"、第十一单元"盐　化肥"，都有关于物质的化学变化的内容。总体看，教材中的学习内容是分散的，其中身边的化学物质是教材内容组织的明线，而物质的化学变化则是暗线。

从学科核心素养发展进阶的角度看，复习阶段学生对化学变化的认识应该提升。（1）物质在一定条件下可以发生化学变化，化学变化包括物质转化和能量转化：物质转化的实质是构成物质的微粒发生了改变，进行了重新组合；能量转化的实质是体系中微粒的内能发生了改变。（2）人类应用化学变化原理即通过控制条件使得反应按需求发生：一是通过物质转化合成新物质；二是通过能量转化实现供能。
（3）通过实验获得变化的表征，基于现象研究变化的本质。

基于此，复习时确定了"多角度认识物质的化学变化"的单元学习主题，并计划用4课时完成学习，这样做有利于整体发展学生变化观念、微观探析、证据推理、科学探究和科学精神等方面的素养。

3. 确定单元学习主题有三个关键步骤

第一步是分析课程标准及教材内容，梳理单元内容结构，找出单元学习内容；第二步是对学生已有的学科知识、关键能力、学科观念、生活经验、思路方法等方面进行探查、分析和诊断，并在此基础上筛选单元学习内容，初定单元学习主题；第三步是结合相关信息来多方论证，辨析单元学习的价值，最终确定单元学习主题。

论证是一个重要的环节，一个单元学习主题的水平高低，主要看主题与课程标准的一致程度及其价值体现，即主题对于落实课程标准的价值、对于培养学生学科核心素养及其进阶发展的价值、对于学生学会学习的价值；同时，还要考虑它的可操作性和可评价性。

其实，对每所学校的每个学科来说，每学期期末（每年的1月和6月）学科教研组都应该有专门的时间进行共同研讨，以确定本校每个年级下一学期该学科的单元学习主题，并以结构图等形式整体呈现单元之间的关系、单元内的课时安排及课时之间的关联，让教师做到心中有数，方便他们假期查阅资料和备课。

还需注意的是，选择的单元学习主题大小要适当。每一个学习单元通常需要若干课时完成，原则上4~10课时为宜，若主题太小则难以成为单元学习主题，若太大则难以操作。在每学期的实践之后，还要再反思、研讨，修正单元学习主题及其内容。需要说明的是，单元学习主题涵盖了学科核心内容、主干知识，可以说涵盖了大部分的内容，但并不是所有的内容都必须纳入单元学习主题，只有一部分内容是可以利用深度学习的理念，支持学生进行自主性、实践性学习的。

案例链接

北京航空航天大学附属中学基于高中历史必修1第三单元，研发了主题为"近代西方代议制的建立与扩展"的学习单元。具体内容包括"英国君主立宪制的建立""美国联邦政府的建立""资本主义政治制度在欧洲大陆的扩展"。单元学习的核心概念是"代议制民主制度"，这对于学生认识世界政治文明的发展进程、西方代议制的多样性，形成正确的历史意识和价值判断，具有重要的意义。整合之后的单元学习需要6课时完成。（见图3-3）

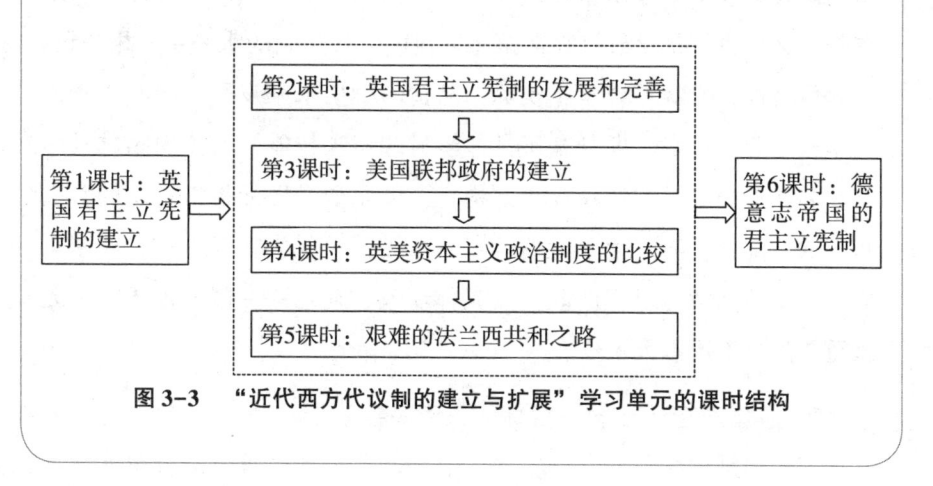

第1课时：英国君主立宪制的建立 → 第2课时：英国君主立宪制的发展和完善 → 第3课时：美国联邦政府的建立 → 第4课时：英美资本主义政治制度的比较 → 第5课时：艰难的法兰西共和之路 → 第6课时：德意志帝国的君主立宪制

图3-3 "近代西方代议制的建立与扩展"学习单元的课时结构

（二）如何确定单元学习目标

"单元学习目标"是指在完成单元学习之后，学生应该获得的学科核心素养的学习结果，包括能灵活应用相应的知识、技能、策略，掌握能反映学科本质及思想的方法，具备解决问题的综合能力，以及经历一定的困难之后学生获得的愉悦的心理感受，还有学生对学科的好奇和期待。深度学习的单元学习目标，是教师教学实践过程中的"北斗七星"和教学实践过程中的"灯塔"，可以帮助教师明明白白地开展教学活动，校正教学方向。这里强调从"教学目标"到"学习目标"，是以学生为本进行教学的具体表现。

确定单元学习目标时要考虑四个因素：一是课程标准要求；二是单元学习主题与核心内容；三是单元所承载的学科核心素养的进阶发展；四是学生的学习基础和发展需求。那么，单元学习目标有哪些特征？又要如何确定单元学习目标呢？

1. 把握单元学习目标的四个基本特征

各学科单元学习目标共同的特征是：体现学科育人价值，彰显学科核心素养及其水平进阶。具体表现为四个基本特征：一是一致性，应与课程标准中学业质量要求——学生在完成本单元的学习任务之后能做什么，也就是学科核心素养（某领域）应达到的水平——相一致；二是发展性，要既符合学生实际，又指向学生未来发展，同时要指向对学科本质的理解，即既基于具体学科知识和技能，又体现超越具体知识和技能的学科本质；三是结构化，单元学习目标是学科总的育人目标的一部分，与其他单元的学习目标相互关联、相互支撑；四是重点突出，单元学习目标的表述要具体明确、简洁——精要表述本单元最重要的，不用求大求全。

2. 遵循确定单元学习目标的三个关键步骤

第一步是围绕单元学习主题，依据课程标准要求，结合单元学习内容深入讨论分析，厘清多个单元学习主题之间的关系，立足学科核心素养发展，明确学生应该学习的内容和达到的水平标准，整体设计单元学习目标；第二步是分析本班学生已有学科水平、现阶段思维特点和发展需求，明确表述本单元学习的学科核心素养整体目标及其单元内每个课时的目标，目标要更加针对学科核心内容，指向基础性、关键性问题的解决；第三步是开放研讨，学校应打造教研共同体开展研讨，甚至可以组织校际研讨，多方听取意见，对单元学习目标进行检验、修订和完善，最终确定单元学习目标等。

单元学习目标的确定，也是对教育目的和教学价值的不断追问，把学科育人目标解构成学科的单元学习目标，是落实国家课程标准的具体举措。教师要把学生的成功放在更长的时间轴上来考量，工作重心要从"学科教学"转向"课程育人"。明确的单元学习目标可以帮助每位教师做到心中有学科全局，包括学科的学习内容、不同年级学生应达到的素养目标。

案例链接

仍以初中化学"多角度认识物质的化学变化"学习单元为例，对于化学变化的认识，学生在不同学习阶段的认识水平不同；在同一阶段的不同学生，不同认识角度的认识水平、同一认识角度的认识水平也是不同的。教师在调研学生的情况后确定了复习阶段的单元学习目标。

（1）通过对熟知的生活情境素材的分析和讨论，认识化学变化中存在的物质转化和能量转化，建立"一定条件下物质可以转化"的基本观念。

（2）通过对典型物理变化和化学变化的微观角度的分析，认识物质转化的实质——微粒变化（改变、重组），能够从定量的水平认识物质的化学变化（微观——原子个数守恒），动态建立微粒与化学变化的联系。

（3）通过研究改变条件调控化学反应的情境素材或实验，认识到改变条件可以调控化学反应的发生，从而让其为人类服务，形成调控化学反应的意识。

（4）通过研究化学反应发生的方案和思路，认识到现象对于化学反应的重要性，并能够从反应物减少或生成物出现的角度设计实验，证明无明显现象的化学反应的发生。

（5）通过对联系生产生活实际的化学问题的解决，逐步形成能够运用化学变化多个角度间的逻辑关系解决实际问题的思路。

（三）如何设计单元学习活动

设计单元学习活动，是对"如何才能达成深度学习目标"的回答，是以理解和应用为基础的实践性单元学习活动设计，因为学习目标要在具体的学习活动中实现。为此，教师要依据单元学习主题、单元学习目标、学生已有的知识和经验，设计出具有辨析性、探究性和实践性的学习活动。那么，单元学习活动有哪些特征？应该如何设计呢？

1. 单元学习活动的设计要体现深度学习的特征

一是规划性和整体性，即要以单元为实施单位统筹规划，对学习活动及有价值的学习任务进行整体设计。具体要厘清学习单元间、课时间的关系，梳理出学科核心素养在每个阶段进阶发展的要求，同时对学习活动的设计还要建立在对学段、学年和学期的整体学科课程规划的基础上。二是实践性和多样性。单元学习是在教师指导下的实践性学习活动，其中有价值的学习任务通常是关于为什么、怎么办的任务，是具有启发思路、相互关联、结果不可直接预见等特征的任务，需要学生思考、研讨、探究，概括、分析、解释，预测、设计、评价，建构模型等。三是综合性和开放性。学生通过在已有知识基础上的建构性活动来完成具有挑战性的任务，这些活动包括解释、举例、分析、总结、表达、解决不同情境中的问题等，活动中解决问题的方法和思路不唯一、答案不唯一，需要综合调用多种知识、多种方法。同时，学生简要地经历、体验、发现知识的过程，展示出他们对事物的新认识和新理解，这也是发展学科核心素养的重要过程。四是逻辑性和群体性。教师要关注学科发展的逻辑、学生学习的逻辑，并以此来设计教学的逻辑，即学习活动的逻辑。这就要厘清单元间、单元课时间学习活动的逻辑。单元教学中学习目标的落实、教学活动的开展要做到每节课各有侧重，要引导学生的独立思考与同伴学习相结合，特别是同学之间进行质疑、研讨、提建议、重新认识。而这个过程，就是学科核心素养逐渐提升的过程。

> **案例链接**
>
> 活动和任务是帮助学生形成认识思路的载体和途径，下面再以初中化学"多角度认识物质的化学变化"学习单元为例进行说明。要引发学生对化学变化进行深入思考，可以从以下两个角度切入。
>
> （1）需要教师设计能够促进学生思考的问题和引导学生建立认识角度的问题。例如，若希望学生关注到化学变化中的物质转化和能量转化，就可以问"化学变化能够为我们做什么？请举例说明"；若希望学生建立反应条件的认识角度，就可以问"怎样才能让一个化学反应发生？"；若希望学生建立反应类型的认识角度，就可以问"给定的系列化学反应有什么内在联系？"；等等。
>
> （2）在学习活动实施的过程中，教师要耐心地给学生提供足够的时间和空间，让他们能够充分思考、讨论和交流问题解决的过程，还要转变角色，通过搭建支架、提出新问题、追问，促进师生、生生的互动，实现学生对知识的自主建构。

2. 设计单元学习活动有三个步骤

第一步是设计具有挑战性的学习任务，围绕单元学习目标和课时学习目标，结合学习内容的特点和学生的学习基础、学习障碍点、发展空间、学习兴趣，初步设计出系列具有深度学习特征的挑战性任务。第二步是对学生学习过程中的表现和可能遇到的困难做出预设，给出基本的应对方案，特别要注意学习活动应帮助学生建立学习内容与实际生活之间的关联。第三步是团队要对深度学习活动进行检验，对学习目标、学习内容、学习活动的一致性和适切性进行检验，将学习活动与前期确定的深度学习目标进行对照，检查这些活动是否有助于达成学习目标,讨论之后,优化学习活动的设计。

以下是需要特别说明的。

一是教师组织单元学习的效果决定学科核心素养的落实水平。凡是有利于学生主动、深度参与课堂的活动都是好的学习活动,但是,这都需要有好的教师行为,如连续追问、证据反驳、思路外显、教练指导、支架搭设、引导启发、对认识方式评价、模型化等。教师还应考虑学生的多种学习倾向,让不同特点的学生各得其所,给学生更多的表达观点、修正完善观点的机会,外显其内隐的思维过程,并及时点拨、给予反馈。学生学习活动的形式不仅要符合学科逻辑、学习逻辑,更要与深度学习目标、学生认知特点相契合。

例如,语文学科的学习,应该立足语文学科和文本的特点,设计具体的阅读活动和表达活动,因为核心素养是在学生积极的语言实践活动中积累与构建起来的。学生在真实语言运用情境中表现出语言能力及相应品质,同时在活动中丰富美好情感,形成健全人格和健康的精神世界,提高认识社会的能力和对美好人性的认识水平。

二是部分单元学习活动需要长课时来完成。与以往学习活动不同的是,单元学习活动是高参与性、任务驱动型的学习活动,很多时候需要较长的学习时间。目前学校的教学时间安排通常还是40分钟一节课,无连排,这给单元教学造成很多困难。鉴于此,学校可安排长短课结合的课表,如每天都有80分钟一节的课,分配给各学科的教师,方便他们开展深度学习、实践性学习等。

(四)如何开展持续性学习评价

教师要永远关注学生是否学会了,而不是自己有没有教到。选择好单元学习主题、确定了单元学习目标、设计并实施了单元学习活动之后,学生学习的效果如何?学科核心素养真的得到发展了吗?这些都需要有科学的评价。持续性评价是深度学习中教师教学、学生学习不可缺少的环节。评价是基于证据的推理和判断——这里的证据就是关乎学生学科核心素养是否有提高、提高了多少的依据，包括学习过程、学习结果、学习态度、学习行为等方面；评价需要科学的评价工具，让学生能够比较充分地表现出已经具备的核心素养；评价需要有收集学科核心素养发展、课堂教与学行为证据的思路和手段；评价要对收集的各类信息进行分析判断，要根据证据做出评价，并将评价结果用于指导学生学习和教师教学的改进。

1. 教师要深度理解持续性评价的意义和价值

持续性评价将评价的关注点从教师的教转向学生的学，注重学生学科核心素养的发展水平，以及学生在学习活动中的参与度、积极性及突破原有框架的创新能力。

其一，开展持续性学习评价的目的有三个，即随时了解学习目标达成情况、监测与调控学习过程、反馈与指导改进教学。持续性评价通过持续地进行信息反馈，指导改进学生学习的方式以及教师的教学。

其二，持续性评价是一种形式多样的、以学生发展为中心、以学科核心素养为导向的立体性评价，是综合素质评价的一部分。持续性评价包括纵向的时间维度和横向的学科维度。纵向的时间维度主要指学科核心素养发展的年级进阶发展水平，是学生自己与自己的比较，看发展的增量；横向的学科维度是学生各学科核心素养发展水平之间的比较。持续性评价也可以将学生所在群体的各学科核心素养发展状况作为参照系，当作综合判断时的参考。

其三，持续性评价是激励性评价，其利用学习分析、课堂观察等大数据技术，为不同的人定制不同的评价标准，让每一名学生都有出彩的机会；同时，也可以采用更加多元的评价方式，除作业或测试外，基于学科的报告、公开演讲等也是持续性评价的一部分。

其四，持续性评价更多的是形成性评价，要贯穿学习的始终，随着教学进程的推进，通过评价唤起学生的元认知，让学生始终记得学习的目标是什么，并自主监控学习的目标是否达成，主动反思和调控学习的进程，使学习不断深入。

2. 进行持续性评价有四个关键步骤

第一步是制订持续性评价方案。依据单元学习目标，围绕本单元学科核心素养的发展目标和课时目标，整体设计发生在深度学习全程的持续性评价方案和工具，包括可以反映学生学习活动、学习结果、教师教学行为的评价标准、评价方式、信息反馈手段。如在进行单元检测、模块检测等阶段性水平测试时，可以采用有不同层次题目的纸笔测验，检验学生对内容的理解与掌握程度，诊断学业水平现状；针对思维容量大、思维层级丰富的学习重点、难点或核心学习活动，可以制订表现性评价方案，即结合对学生的语言、行为或作品的评价，对学生活动表现进行水平预设和行为描述，形成表现性评价指标、评价维度及目标达成的层级标准，最终研制评价工具（任务）。评价的主体可以是多元的；评价的形式可以是正式的，也可以是非正式的，如口头提问学生"有哪些收获？""问题解决了吗？""还有问题吗？"。

第二步是确定持续性评价反馈的内容与方式。要对学生学习的关键表现进行即时评价，反馈学生的学业情况和学习表现。反馈时要结合单元学习过程中不同学习活动的形式、特点，选择多样化的评价信息反馈办法，要特别关注学生完成挑战性任务时的思维表现、合作能力和沟通能力，给出具体的反馈信息，以促进学生的自我调整，激励学生进一步探究知识与迁移运用知识。

第三步是论证持续性评价方案。论证内容包括评价方案与单元学习目标的自洽性、评价指标的可操作性，重点是评价方案是否有利于促进单元学习目标的达成，是否符合学生特点；评价内容和方式是否与单元学习目标一致，是否指向学生的理解、应用和思维发展，以及评价是否规范与具有开放性，评价主体是否多元。

第四步是公开持续性评价标准。在每个单元学习活动开始前，教师应清晰、明确地让每名学生都知道和理解评价标准，具体包括评价的维度、内容、水平标准和方式，以便学生可以随时对照标准进行自我评价；倡导共同制定和执行标准，由教师团队制定标准或者师生共同制定标准，并让学生充分参与评价活动。教师运用适合的评价标准来评价学生的思维发展状况、学习态度、过程表现等，使每个学生都能够获得成就感。

案例链接

继续以"多角度认识物质的化学变化"学习单元为例，持续性评价的设计参见表3-2。

表3-2 "多角度认识物质的化学变化"学习单元持续性评价设计

序号	评价目标	评价任务	评价标准	评价方式
1	建立"一定条件下物质可以转化"的基本观念；从物质和能量转化的角度认识化学变化	让学生在课后从给定的7~8个熟悉的化学反应中选择1个，从不同角度进行分析（需学生自主切换角度）	（1）零散、无规律地说出答案 （2）知道化学变化存在着物质转化或能量转化 （3）认识到化学变化中物质转化和能量转化的应用价值 （4）认识到化学变化改善了人们的生活质量	学生作品及作业

续表

序号	评价目标	评价任务	评价标准	评价方式
2	动态建立微粒与化学变化的联系，从微观角度深入认识化学变化	(1) 课上，观察学生回答问题或填写学案时，能否用微粒的观点解释物理变化（分离液态空气、硝酸钾溶解后饱和再析出）、化学变化（水通电分解） (2) 课后，关注学生在师生访谈中，能否对碳酸钠与氢氧化钙等复杂反应的微观实质进行分析	(1) 不能用微粒观点解释现象 (2) 从微观角度认识物理变化 (3) 从微观角度认识化学变化 (4) 从微粒角度，对溶液中发生的复分解反应有进一步的认识	学案、课堂观察、师生访谈
3	建立认知化学反应条件的角度，形成调控化学反应的意识	(1) 课上，观察学生设计实验方案和得出实验结论时，是否关注化学反应的条件 (2) 课后，关注学生完成作业及填写课后问卷时，是否体现出调控化学反应的意识，是否认识到通过调控化学反应可以使化学为人类服务	(1) 不关注化学反应条件 (2) 关注化学反应条件，认识调控化学反应的意义 (3) 建立调控化学反应的意识，认识到通过调控化学反应，可以使化学为人类服务	实验方案、课堂观察、课后问卷

续表

序号	评价目标	评价任务	评价标准	评价方式
4	建立认知化学反应现象的角度，认识现象对于化学反应的重要性，能依据现象判断化学反应发生	(1) 课上，观察学生在分组讨论和设计实验方案时是否关注现象，是否能从反应物消失和生成物出现的角度进行设计 (2) 课后，关注学生填写的课后问卷是否体现出认识到现象对于化学反应的重要性，是否能够依据独有的现象判断有明显现象的化学反应的发生	(1) 不关注化学反应现象 (2) 关注现象，知道有明显现象的化学反应发生与否的判断方法 (3) 认识到现象对于判断化学反应发生的重要性，知道证明无明显现象的化学反应发生的实验方法 (4) 会设计实验，能够从反应物减少或生成物出现的角度证明没有明显现象的化学反应发生	实验方案、课堂观察、课后问卷

同时，还要探索多样化作业，结合教学内容和学生情况，发挥作业在复习巩固、促进素养提升、过程性评价、激发兴趣等方面的功能。教师应设计与实施分层（基础型、拓展型）作业、任务式（实践型、探究型）作业、学科融合类（跨学科、主题式）作业和个性化作业，通过作业的练习，提高学生在实际生活中迁移应用学科知识和问题解决的思路方法来解决问题的能力。

实施深度学习时，选择单元学习主题、确定单元学习目标、设计单元学习活动、开展持续性评价，环环紧扣，使目标、活动和评价紧密地结合在一起。特别要强调的是，在深度学习具体的教学实践中，持续性评价的设计，应先于学习活动来进行，即确定单元学习目标之后，就设计持续性评价。这样，教师在设计学习活动时就会非常清楚日后的评价标准，就多一个角度来考虑学习的有效性。在长期的实践中，教师使持续性评价成为自己主动进行"教学—反馈—改进"的助力，成为促进学生学习改进的有效手段。

工具链接

表3-3、表3-4是北京市海淀区在实践中形成的两个教学设计模板，供参考。

表3-3 北京市海淀区单元学习教学设计模板

基本信息			
姓　　名		学　　校	
学　　科		联系电话及邮箱	
年　　级		教材版本及章节	
学习领域/模块			
单元教学设计			
单元学习主题			
1. 单元教学设计说明（依据学科课程标准的要求，简述本单元学习对学生学科素养发展的价值；简要说明教学设计与实践的理论基础。学习单元可以按教材内容组织，也可以按学科学业发展和学科核心素养发展的进阶来组织，还可以按真实情境下的学习任务来跨学科组织）			
2. 单元学习目标与重点、难点（根据学科课程标准和学生实际，指向学科核心内容、思想方法、核心素养的落实，设计单元学习目标，明确重点和难点）			

续表

3. 单元整体教学思路（教学结构图）（介绍单元整体教学实施的思路，包括课时安排、教与学活动规划，以结构图等形式整体呈现单元内的课时安排及课时之间的关联）

4. 单元作业与拓展学习设计（设计时关注作业的意图、功能、针对性和预计完成的时间。发挥好作业对于复习巩固、引导学生深入学习的作用；面向全体，进行分层设计，并将检测类作业与探究类、实践类作业有机衔接。分析作业完成情况，作为教学改进和个性化指导与拓展补充的依据）

5. 特色学习资源分析、技术手段应用说明（可结合教学特色和实际撰写）

表 3-4　北京市海淀区课时教学设计模板

课时教学设计（第 1 课时/总 n 课时）	
课题	
课型	新授课☐　　　　章/单元复习课☐　　专题复习课☐ 习题/试卷讲评课☐　学科实践活动课☐　其他☐

1. 教学内容分析（本课时教学内容分析，在单元中的位置，核心内容对发展学生核心素养的功能价值分析，蕴含的正确价值观念，已学内容与本课内容的关联。可用结构图呈现）

续表

2. 学习者分析（学生与本课时学习相关的学习经验、知识储备、学科能力水平、学习兴趣的分析，学习发展需求、发展路径分析，学习本课时可能遇到的困难）

3. 学习目标确定（根据学科课程标准和学生实际，指向学科核心内容、思想方法、核心素养的发展进阶，描述学生经历学习过程后应达成的目标和应能够做到的事情。可分条表述）

4. 学习重点和难点

5. 学习评价设计（从知识获得、能力提升、学习态度、学习方法、思维发展、价值观念培育等方面设计持续性评价的内容、方式与工具等，通过评价持续促进课堂学习的深入，突出评价的诊断性、表现性、激励性功能。评价要体现学科核心素养发展的进阶。课时的学习评价是单元学习持续性评价的细化，要适量、适度；评价不应中断学生的学习活动，通过学生的行为表现判断学习目标的达成度即可）

续表

6. 学习活动设计

教师活动	学生活动
环节一（根据课堂教与学的程序安排）：	
教师活动1 （设计每个教学环节时，教师要呈现情境，提出驱动性问题及学习任务类型；对应学生活动，示范指导学科思想方法，关注课堂生成，纠正思维错误，恰当运用评价方式与评价工具开展持续评价，促进学习。下同）	学生活动1 （学生在真实的问题情境中开展学习活动；围绕学习任务开展系列活动；与教的环节对应，学生通过分析任务、设计方案、解决问题、分享交流进行学习并有实际收获。下同）
活动意图说明（简要说明教学环节、学习情境、学习活动等的组织与实施意图，预设学生可能出现的障碍，说明环节或活动对目标达成的意义和学生发展的意义。说出教与学活动的关联，关注课堂互动的层次与深度）	
环节二：	
教师活动2	学生活动2
活动意图说明	

续表

环节三：	
教师活动3	学生活动3
活动意图说明	

7. 板书设计（完整呈现教与学活动的过程，最好能呈现建构知识结构与思维发展的路径与关键点。使用 PPT 时应注意呈现学生学习过程的完整性）

8. 教学反思与改进（包括单节课教与学的经验性总结，基于学习者分析和目标达成度进行对比反思，教学自我评估与教学改进设想。课后要及时撰写——突出单元整体实施的改进策略、后续课时教学如何运用本课学习成果，以及如何持续促进学生发展）

说明：

（1）教学设计突出学生学习的主体地位，依据学科课程标准要求突出单元和课时学习对学生发展的价值，设计情境化、活动化、任务化的学习活动，增强学生学习过程的体验性、实践性和整体性。日常工作中，教师"基本信息"可以简写。

（2）教学反思与改进突出课堂学习目标的达成度，依据学生的变化和本课教学的特色，从教学观念系统和操作系统两方面进行反思：教学设计和教学手段等是否合理，教学行为与教学目标是否一致，情境活动和师生关系等是否符合教学规律，等等。从设计、实施、评价、理念落实等方面找优缺点,并说明今后完善与改进不足的办法。教学反思与评价不要求面面俱到,但须真实客观。

(3) 教学设计、课堂实施和学习评价要保持一致性,目的是促进课堂"教—学—评"的改进。可依据课堂实施实际状况整理教学实录和教学案例,详细呈现某单元或某一课时的教学实践过程,呈现课堂中学生的学习资源、学习活动、学习表现;呈现教师引导(评价)学生深入学习的方式方法,从而分析学生在课堂每个环节中的实际表现和实际收获,突出课堂中学生学习活动与教师的示范、指导、评价等教学过程的对应。过程完整,资源齐全,任务具体,互动充分。

二、实现深度学习有两个必要前提

对于每一名学生,学科学习的目标都不能仅仅停留在知识的获取、技能的提高上,而要发展高级素养。深度学习是学生积极主动参与的、有意义的实践性学习,是聚焦学科本质和学科思想方法的学习。通过深度学习,学生不仅能掌握学科核心知识,还能发展批判性思维、创新能力、合作能力、沟通交流能力等高级素养,并能够形成正确的价值观、积极的内在学习动机和阳光进取的学习态度。

对每一名教师而言,要帮助学生在迁移所学、创造性地解决问题的思路和方法上有所进步,即在人们常说的"学会"和"会学"上有所进步,都会感到充满挑战。因此,要实现深度学习,需要有两个必要的前提。

(一)教师要深刻理解学科育人价值

1. 教师要深刻理解本学科对于学生成长的独特的育人价值

学科教育在全面贯彻党的教育方针上的独特贡献,具体表现为落实学科核心素养。这是学科育人价值的集中体现，是学生通过学科学习会逐步形成的价值观念、必备品格与关键能力。学科核心素养是"知识与技能""过程与方法""情感态度与价值观"三个方面全面发展之后的综合表现。教师深刻理解本学科独特的育人价值、理解学科核心素养的内涵，是实现深度学习的关键基础。

例如，历史学科是在一定历史观指导下叙述和阐述人类历史进程及其规律的学科，其重要的社会功能是探寻历史真相、总结历史经验、认识历史规律。历史学科的学习，可以帮助学生拓宽历史视野、发展历史思维、提高历史核心素养，让学生能够从历史发展的角度理解并认同社会主义核心价值观和中华优秀传统文化。

2. 教师要深刻理解课程标准可以带来更有灵魂的教学

教师聚焦学科本质和学科思想方法，深刻理解本学科的育人价值和学科核心素养的内涵是实现深度学习的前提。要整体理解和把握学科，就必须深刻理解学科课程标准，理解学科课程设计、教材编写的思路。学科课程标准包括该学科的课程性质与基本理念、课程目标、课程结构、课程内容、实施建议等。

课程性质明确了学科对于社会发展和学生成长的价值。例如，地理学兼具自然科学和社会科学的性质，对解决当代人口、资源、环境和发展问题，建设美丽中国，维护全球生态安全具有重要作用。学生学习地理学科，不仅可以获得与地理相关的基础知识、基本技能和学科思想方法，还可以从地理视角认识和欣赏自然与人文环境，懂得人与自然和谐共生的道理。学科的基本理念，可以帮助教师明确学科的育人方向、学科课程体系及其特点、学科学习方式及其特点、学科学习评价体系的建构方式。课程目标是帮助教师从学科的角度理解如何落实立德树人的根本任务，帮助教师明确学生学习后需要掌握哪些必备的学科知识等具体目标。课程结构涉及学科必修课程、选择性必修课程、选修课程等课程的类型及其特点和功能，还蕴含了课程之间的关联、课程模块、学分、选课的要求等。准确、深刻地理解这些内容，明确学科逻辑，就可以进行整体规划，进而有效地指导学生学习，带领学生走进美妙的学科世界。

3. 教师要深刻理解学科核心素养的具体表现和内涵

学科核心素养是教师选择教学素材、形成学习任务的导航。教师只有深度理解任教学科的育人价值，才能设计出更好的学习任务。

以高中化学学科为例，教师既要理解化学学科核心素养的内涵，又要明确各要素之间的本质联系："宏观辨识与微观探析""变化观念与平衡思想""证据推理与模型认知"三个化学学科核心素养，就是从化学学科的学科观念和思维方式视角对化学科学思维进行描述；"科学探究与创新意识"则是对化学科学实践的表征；"科学精神与社会责任"则表现出化学科学的价值取向，是化学学科整体育人功能和价值的具体体现。教师有了这样的理解，才能够从整体上把握好化学学科育人的价值、本质和途径。

（二）教师要深刻理解并尊重学生

1. 教师只有读懂学生，才能设计出好的学习任务

教师在理解学科学习规律的基础上，还必须理解学生的学习规律、重视学生的学习逻辑，从学的角度来研究怎样教。教师的一项重要工作就是研究学生，研究学生是如何认识问题、思考问题和解决问题的；研究每一部分内容的学习中，学生可能会遇到哪些困难。

学生的成长环境变了，特别是社会、经济高速发展，信息技术高速发展，人才培养的着力点也从比记忆和计算转向比创新和想象。互联网、移动终端的高速发展让网络学习日趋常态，学生中的"数字原住民"越来越多，他们靠技术手段快速获取信息、交流信息，他们还喜欢自己选择课程，喜欢主动学习而不是被动接受。学生的学习从现成知识的消费性学习，逐渐转化为创造性学习。他们各自的学习体验

和学习经历,都互为学习资源,可以彼此分享、互相启发。可见,只有了解、理解现在的学生获取信息的特点、学习的特点、思维的方式、生活的习惯和环境,才能设计出更符合学生的、具有挑战性的学习任务。

2. 教师只有尊重差异,才能够兼顾各类学生

教师要站在学生成长的立场来思考教育供给。差异是客观存在的,只有了解、理解差异,教师才能了解、理解不同学生学习和成长的需求。尊重学生之间的差异,将目标与活动建立起联系,在设计学生思考、分析、交流等主要互动环节时,要尽可能关注所有学生,根据差异有针对性地设计学习活动、进行学习指导,同时关注学生的精神成长,这样才能够更好地开展深度学习。在团队学习过程中,还应该把差异当作一种学习资源,对其进行开发和使用。

三、抓住深度学习的四个关键策略

深度学习让学生的成长从提高"解答试题的能力"转向提高"解决问题的能力",进而转向提高"做事的能力",所以教学要改变从前"去问题化"的模式,实现解决问题的教学、生成问题的教学。学生提出问题、理解问题、解决并产生新问题的过程,就是知识获得的过程。具体知识作为解决问题的工具被探索、被发现的过程,就是实现深度学习的过程。

问题是课堂活力的源泉。实践性学习不在于教师讲了多少,而在于学生悟出了多少、获得了多少。新知识、新理解是在具体情境的问题解决中构建出来的。实现这样的深度学习,必须抓住四个关键策略。

(一)选择情境素材的链接策略

学生在面对陌生的、复杂程度高的真实问题时,表现出的能够创

造性地分析、较快形成解决思路、迅速进行决策、快速整合资源解决问题的可迁移的素养，是深度学习学科育人的追求。这种素养是学生在解决具体问题的实践中、创生新意义的过程中形成和发展的，中间的重要载体就是情境素材。概念的建立需要创设情境，规律的探究需要创设问题情境，应用知识解决具体问题应结合具体的实际情境，因此，真实、具体、富有价值的问题解决情境是学生学科核心素养形成和发展的重要载体，也为学生学科核心素养提供了真实的表现机会。

在深度学习的准备和实施过程中，为了更好地达成学习目标，需要通过好的情境素材把核心素养和课程内容进行深度关联，形成一个学习内容、学习活动、持续性评价相统一的实践性学习过程。

把"知识内容"转化成"学习任务"是难点，情境素材的重要价值是形成驱动性任务引导学生学习、促进学生的学科核心素养发展。好的情境素材能够吸引学生主动学习，能够造成学生的认知冲突、挑战学生的认识角度，能够针对学生的认识障碍丰富学生的认识思路、帮助学生形成认识方法等。那么，怎样来选择好的情境素材呢？好的情境素材要将学习内容和真实生活关联起来，具体选择时要用好链接策略。

一是多视角链接生活和生产策略。这包括链接日常生活、经济生活、政治生活、社会生活、工业生产、农业生产、高新技术产业等内容。其中链接日常生活的情境，是指使用真实发生在学生身边，与学生日常的起居、饮食、交通出行、学习、同学交往等生活密切相关的素材。链接经济生活和政治生活的情境，是指使用国家发展过程中在经济领域和政治领域的大事、要事等素材，这特别有利于发展学生的政治认同、家国情怀。链接社会生活的情境，是指使用近期发生的社会热点问题等素材。例如，环境领域中污染源的成分分析和含量监测、污染源的成因分析、污染的防治和消除等都可以成为学习的背景素材，打开学生学习的视角。而化学学科对社会性议题的教学可尝试应用深度学习的理念开展，这样的议题可以是由当代科学技术研究开发所引起的一系列与社会伦理道德观念和经济发展紧密相关的社会性问题，如汽车限购限行、核泄漏、水体污染等，学生需要将学科与经济、社会、环境建立关联，综合多个因素系统思考、论证，权衡利弊，做出决策，这样有利于发展学生科学态度与社会责任的素养。

　　二是链接学科发展和科技前沿策略。链接本学科领域前沿发展和科学技术新发展的情境素材，包括学科发展前沿，如纳米科学、材料科学、航天科技、生命科学、信息科学等众多领域的新发展，以及所面临的挑战等，这些都可以激发学生的好奇心，开阔他们的视野，形成新任务。例如，能源的开发利用、能量转化的原理和装置、能量的定量计算等都可以成为化学学科教学的素材，可以让学生对相关主题的工艺流程进行设计、分析或推断等。

　　三是链接思想道德教育要素策略。教师可以根据学科特点、学段特征和学生发展需求，充分关注、挖掘学科本体和学习过程中的思想道德教育要素。引导学生在生活中学习，在学习中思考，在思考中进行价值判断，树立正确的价值观念。

　　例如，语文、历史、地理等学科要利用其中语言文字、传统文化、历史地理常识等丰富的思想道德教育因素，潜移默化地对学生进行世界观、人生观和价值观的引导；数学、科学、物理、化学、生物等学科要加强科学精神、科学方法、科学态度、科学探究能力和逻辑思维能力的培养，促进学生形成勇于创新、求真求实的思想品质；音乐、体育、美术等学科要加强对审美情趣、健康体魄、意志品质、人文素养和健康生活方式等方面的培养。

　　情境内容呈现的形式，包括图片、视频、文字材料、语言描述等，可以是单一形式，也可以是多种形式的组合。情境素材的选择和情境创设要避免下面的几个问题：简单情境，难以感受；错误情境，引起误导；编造情境，脱离真实；等等。

（二）学习过程中思维的外显策略

发展核心素养，倡导学生在各种复杂多样的真实情境中，在有意义的、开放的任务和活动中，不断实践、讨论、质疑和反思，用已有的知识与经验，分析、解决各种复杂和陌生的问题。这是真正以学生发展为中心的实践性学习，强调基础知识、基本技能，强调思路方法的建构、打破与重构，是提升学习力的有效措施。这需要关注学生的学习过程，特别是思路方法的形成过程。让学习过程中内隐的思维显性化，是一个重要的策略。

例如，当课堂上开展讨论时或学生回答问题时，我们常常会看见这样的镜头：A 同学没有回答正确，教师说请坐，再请 B 同学回答。如果 B 同学答对了，教师会说"非常好"，然后继续讲课。但是，很多时候 A 同学和其他很多同学并不知道为什么这样就是对的，也不知道怎样才能想到这儿。因为没有进一步的交流，教师也不知道 A 同学的思维障碍点在哪里。因此，在学生回答问题后，"有答即评"的快反馈未必都是上策。很多情况下，"延迟判断的思维外显"策略更有利于学生的发展，即在学生回答问题或者提出新的创意时，教师不立刻做出对与错的判断，而是给学生一些自主思考、辩论的时间，让学生可以发表自己的见解。

1. 通过学生的自我分析让思维外显

让回答正确的学生描述自己的思维过程、解决问题的路径和方法，以及还存在的一些疑惑，并和大家一起讨论，这样既可以解决问题，又可以形成解决问题的一般思路和方法。因此，课堂上，面对学生的回答或提出的新方案，对一些有价值的、值得讨论的回答教师不要立即评价、判断，尤其不要轻易做出否定的评价，而是要组织学生讨论。

2. 通过学生的质疑辩论让思维外显

当学生产生不同意见时，让他们表达，使他们产生更多的想法并乐于表达。要把时间留给学生，引导他们独立思考、互相评判、提出建议，也鼓励有疑问的学生把心中的疑问表达出来，继续讨论。讨论的过程，是再思考、再创造的过程。讨论可以矫正错误，让结论更加严密，让学生的思维容量大大增加；同时，判断、反思、深入思考等也都提高了学生的思考品质，每个学生也可以通过自己的努力获得成功的体验。否则，学生缺乏期待、缺乏自主思考的时间，实践活动就会流于形式、浮于表面，无深度可言。

3. 通过教师的连续追问让思维外显

对内容、方法、思路、表达等方面的追问可以让学生进行更充分的表达，留给学生更多的探索空间，让其思维有更大的发展空间。追问可以帮助学生产生更多的问题，引发学生更多的想法，避免出现学生只有实践的形式，而没有实践的深刻体验，教师仍然把结论强加给学生，学生依然处于被动接受的地位的情况。

（三）学习过程的深度互动策略

要在深度互动中来实现深度学习。实现深度学习的显著标志，是学生能够将学到的知识、技能、方法运用到真实世界的问题解决之中，以及学生表现出主动探索未知世界的好奇心和求知欲。

1. 教师设计富有挑战性的学习任务，促进学生与任务的深度互动

这是深度学习活动的基本特征，学生在学习过程中，获取知识、加深理解和迁移应用是交叉进行的——在理解中尝试应用，才能在应用中加深理解，建构新的认识，形成新的思路和方法。学习活动的设计必须要让学生有解决实际问题的经历和体悟，没有任何人能够替代他们，也不应该替代他们。

好的学习任务可以将学生带入学习情境，激发他们强烈的学习动机，使他们能够积极主动地提出问题、分析问题、解释问题，或者分析推理、沟通交流，最终解决问题。学生学习必须要经历探索未知、

解决问题的过程，学生要与真实的任务情境持续互动，这样有意义的深度学习才能发生。这就要求在学习过程中，学生需要完成具体的任务，个人或者团队要经历问题的分析、方案的设计、问题的解决、结论的反思、成果的交流的过程。在这样的学习过程中，学生与学习任务深度互动，真思考、真去做、真遇到困难、真解决问题、真锻炼意志品质，以此真正实现学科核心素养的发展。

2. 教师指导学生完成任务，增加学生与教师的深度互动

这是实现深度学习的基本保障。在传统的教学中，教师的角色是知识的掌握者、传递者；评价一位教师的教学水平，主要是看其讲课的科学性、清晰度、流畅性和板书情况等。而核心素养导向的教学活动，教师的角色发生了变化——教师是学生的学习同伴、导师，有时也是教练员。上课前，教师是学生学习资源的提供者、学习活动的设计者；上课时，教师是学生学习过程的组织者、专业的支持者或者教练员，帮助学生在学习的过程中不断向上攀登；下课后，教师是学生复习和解决问题的指导者、作业设计者。教师和学生的深度互动非常重要，在互动过程中，教师既要给学生尽可能大的学习空间，又要主导学习的方向和基本进程。在学生分析问题、设计方案、解决问题、讨论交流、展示成果的过程中，教师要做到以下几点：一是要适时地质疑或者引导其他学生质疑，引导学生多角度思考问题、完善方案或者拓展思路；二是要巧妙地引入问题或者资源，搭设支架，帮助有困难的学生小步向前走；三是通过指导学生厘清思路、提炼方法、构建模型等，增大学生的思维容量，促进其思维进阶发展，进而促进他们的批判性思维和创新能力发展。

3. 教师组织学生研讨和交流，增加学生之间的深度互动

这是实现深度学习的关键环节。深度学习的场域，是多人共同参与的场域，学生在参与的过程中能够对话沟通、共同思考。学生们的身份相同，年龄相近，认知方式也相似，彼此更加熟悉，更加容易接

受对方的观点。同时，学生思考问题的角度、思维方式可以与同伴互相启发。学生进行调查与分析、提出方案或规划的讨论过程，就是表达自己观点和开阔思路的过程，也是学生个体之间、小组之间自我修正、完善的过程。

学生之间应开展深度互动。一是学生间开展互动，他们会感到比较轻松，交流的语言比较亲近和有趣，容易产生共鸣；二是对不同意见，从产生分歧到彼此理解再到达成共识的过程，可以很好地锻炼学生倾听、开放性思考、有分歧地合作的能力；三是把若干个学习活动串联起来，才会形成一个系统。例如，学生自主发现和提出问题，做出有依据的假设，对实验现象和结果进行分析、比较、概括、解释、推理、建构模型等高级思维过程，就在深度学习的探究过程中经历了发散、想象、创意、批判性思考等创新思维活动。

深度学习就发生在设计方案、发表意见、讨论修正、争论辨析、实践探索、结果分享的过程中。学生被学习任务带入具体情境，在学习讨论中是主体，他们的参与感越强，参与的程度就越深，学习的收获也就越大。

（四）团队教学研究的改进策略

深度学习，是学生基于学科又超越学科的学习，是基于主题的跨学科综合性学习和联系社会生活实际的学习。以核心素养为导向的教学，从关注"学科知识获取"到关注"核心素养提升"，从单一考试到持续性评价，对教师素养提出了更多、更高的要求。这些要求多是教师在大学没有学习过的知识、技能或理念，那么教师又要怎样才能胜任呢？这就需要教师主动研究、主动实践，以提升自身洞察问题、研究问题、解决问题的能力和勇气。

教师也要主动发展，如此才能带来育人质量的提升。"学习—研究—实践—改进"模式可以助力教师的专业能力提升。教师专业发展是培养学生核心素养的关键，有针对性和实效性、精细化和个性化地引领和指导教师发展，是满足教师个性化专业发展需要、实现深度学习的必要保证。

1. 教师要集体进行专业学习

在变革时代，面对教育改革外在的压力和挑战越来越大的现状，教师首先应该是一位好的成人学习者，可以把变革当作自身教育教学知识重构、提升育人素养的契机，能够直面改革，主动学习顺应改革，甚至引领改革。要向专家和书本学习，向同事和学生学习，同时，进行自我的反思性、关联性学习等主动的、内生的学习，这样效率会更高。

例如，化学学科"实验探究"的素养，会帮助学生形成自主学习、合作探究的意识，提高依据目标设计实验、基于证据分析推理和解决实际化学问题的能力。它具体表现为：能发现和提出有探究价值的化学问题；能依据探究目的设计优化实验方案，完成实验操作；能对观察记录的实验现象和数据进行加工并得出结论；能和他人交流实验探究的成果，提出进一步探究或改进实验的设想。要想让学生的实验探究素养得到发展，教师首先要了解、理解其内涵，并具备实验探究的基本素养。这就需要集体学习，学习的最好场所就是学校、教研组内。

又如，教师在备课时要做学生发展分析，那么教师如何探查学生学习的障碍点？这就需要学习和研究。教师的水平不同，其探查能力就会表现出差异：水平一，笼统、零散地描述学生在知识方面的障碍点；水平二，全面描述学生在知识方面的障碍点，并进行归因分析；水平三，全面描述学生在知识、思路、方法、观念、行为等方面的障碍点，并进行归因分析；水平四，自主探查学生学习的障碍点，对探查结果在知识、能力、认识、观念等方面进行准确分析和诊断反思。也就是说，要从教师做学生发展分析的内容、维度、方法等方面进行水平分级。

2. 教师要基于经验进行研究导向的教学改进

教师的成长一定在课堂上，教师在课堂教学中要加深对学科的理解、对学生学习的理解，了解学生的学习规律和特点，洞察学生学习中存在的问题，用研究的方法找到解决问题的思路并在课堂教学中实践，进而探索出育人的有效经验。教学经验始终鲜活，始终以解决教学中的实际问题为主。

例如，在设计单元学习任务或活动时，首先要转变观念，从"先记住知识再提高能力"转向"在解决问题中获得知识、发展能力"，这样的学习才是符合实际的、有意义的。教师要研究怎样选择好的情境素材，怎样设计与学习内容相符的学习任务，学生完成任务的过程中可能会遇到什么问题，课程会生成什么问题，怎样引导学生从关注实践、经验本身上升到关注思维方法，应该给予学生什么样的学习支持，这样的学习效果怎么样……教师找到好的方法和思路就可以在课堂上用，并收集关键信息，再通过研讨持续地改进教学。

在学校的教研团队中，每一位教师都是研究者也是研究对象。教师指导学生完成任务的过程，就是解决一个个问题的过程，这些问题让学生的学习活动更加多元，这些问题有助于学生将新旧知识建立关联。教师指导学生在解决问题的过程中不断讨论、反思、评价、纠错、改进、优化，这些学习行为可以不断地加深学生的理解。在讨论和质疑中，学生的认识和理解从模糊到清晰、从分散到系统、从知识到方法，并能进行概念的系统构建，提炼出模型或原理。学生应用实践的过程，就是促进深度理解的过程，是实现深度学习的必经阶段。教师团队通过持续地"学习—研究—实践—改进"，就会实现教师个体快速而有质量的发展。

结语

社会高速发展，技术迭代进步，在人工智能时代，学生的学习从以倾听、记忆、模仿和练习为主的复制型学习，转变为以实践、体验、理解和迁移为典型特征的深度学习。学生不满足对知识的重复记忆和浅层理解，要在原有知识的基础上，将所学的新内容与原有知识建立关联，在学习实践和应用中达到深层次的理解，并主动建构个人知识体系。这样有利于将所学内容有效迁移到真实情境中来解决极具复杂性、综合性的问题。学生是优秀的探索者，他们可以像科学家一样做研究，像工程师一样设计和施工，像思想家一样思考和辩论。深度学习可以帮助学生从学习的新手成长为成熟的学习者。值得说明的是，深度学习不会完全取代讲授式教学，具体采用什么样的教学方式要因内容而异。

第四讲

怎样推进深度学习

士不可以不弘毅,任重而道远。

——《论语·泰伯》

近年来，人们的购物方式、支付方式被改变，移动互联技术的广泛应用也大大改变了学生获取信息和与同伴交流的方式，探月工程、人工智能、高铁、量子通信等快速发展，都带给我们新的思考视角，跨界创新成为人才需求的新动向。这些都对教育的目标、内容、组织形式和学生的学习方式产生了深刻影响。"深度学习"教学改进项目的研发、实施，有力地促进了学生学习方式的变革。区域教研发挥专业力量的支持和服务作用，统筹规划、整体推进，同高水平的校本化实施共同构成"深度学习"教学改进项目落实的重要保障。

一、区域教研如何保障和推进深度学习

"深度学习"教学改进项目的实施，是促进学生正确价值观念、必备品格和关键能力的发展，落实立德树人根本任务的具体举措。对深度学习理念的认识、单元学习主题的选择、单元学习目标的确定、单元学习活动的设计、持续性评价的设计和实施，对学科专业的理解深度、学科教学的素养提升，以及对学习规律的把握等方面，都对一线教师提出了巨大的挑战。因此，中观层面的区域保障和微观层面的教师专业发展支持体系是项目成功实施的关键。

（一）大处着眼，创新区域教研机制

教研机构是我国特有的教师专业发展支持系统，在促进区域教育内涵发展、服务教育行政部门决策、推动基础教育课程改革实施、整体促进教师专业发展、提高教学质量等方面发挥了不可替代的作用。

新时期，教研机构应与时俱进，丰富教研内容，创新教研机制，增强教研队伍的活力，坚持"育人导向""问题导向"和"实践取向"，建立部门协同创新机制，建立区域深度学习的研究、实践、改进和追踪机制，持续提高教育质量。

1. 整合资源，整体设计区域方案

区域的教研部门和教育行政部门一起，根据本地区教育发展目标和实际情况，确定"深度学习"教学改进项目应发挥的作用，顶层整体定位、统筹规划，制订"深度学习"教学改进项目区域实验工作方案。方案不要太复杂，包括实验背景、实验目标、实验任务、实验周期、实验进程、预期成果、保障机制七项基本内容就可以。

实验背景包括当前教育改革的背景、区域的教育实际情况、教师的情况、课堂教学要解决的问题等。实验目标要明确"深度学习"教学改进项目实施推进之后，学生成长、教师发展、学校发展和区域发展的目标。实验任务是指具体的实验工作，包括学科、学校、机制等内容。实验周期通常是 2~3 年，一个周期结束之后，根据实际情况可以继续实验，开始第二个周期，但是在发展目标上要有进阶。实验进程主要指实验工作的具体安排，即在什么时间完成什么工作，对学习、研讨、上课、分析等的安排，可以详细一些。预期成果要与实验目标、任务相一致，可以有多种呈现方式，如实验报告、师生的发展、发表的论文、出版的著作、机制、资源等。保障机制包括专家指导机制、反思改进机制、校际交流机制、总结推进机制等，专家团队、实验学校、学校和学科负责人也会及时提供保障。

> **案 例 链 接**
>
> 北京市海淀区第一期（2014—2017）实验工作方案设定的目标是：
> （1）六个实验学科的教研员和教师理解深度学习的内涵和要素，

具备实施深度学习的实践能力。

（2）以"深度学习"教学改进项目带动海淀区中小学学生学习方式变革，提升教师课程育人能力，促进学生学科核心素养发展。

（3）以"深度学习"教学改进项目带动实验学校教学改革和校本教研创新，形成学校典型经验。

（4）以"深度学习"教学改进项目带动区域教研机制创新，形成区域以项目为载体破解难题的实施策略。

（5）形成海淀区深度学习学科教学实践的典型案例，为项目组学科教学指南的编写提供素材。

区域的工作是明确方向，确定任务，调动各方的积极性，协调教育行政部门、教研机构、校长、学科骨干教师、专家等各方力量，协同推进，在政策导向、激励机制等方面予以支持，如进行学习研讨、交流分享、课题立项以及固化成果、提供经费支持等。

工 具 链 接

区域"深度学习"教学改进项目实验工作方案模板见表4-1。

表4-1 "深度学习"教学改进项目××区实验工作方案（简版）

主持人姓名、单位、职务、职称、联系电话、邮箱	
联系人姓名、单位、职务、职称、联系电话、邮箱	
核心成员姓名、负责学科、职称、职务、承担任务	

续表

一、实验背景	开展项目实验的背景、价值和意义
二、实验目标	开展项目实验的指导思路和预期目标
三、实验任务	开展项目实验的具体任务
四、实施进程	开展项目实验的时间进度和任务安排（包括实验周期）
五、预期成果	专著、论文、教学案例等形式的成果规划
六、保障机制	实施项目实验的人员、经费、制度等保障

2. 建设学科教研基地，提高研修质量

从认同深度学习理念到让课堂有变化、学生有真收获，这个过程很难。通过区级教研，教师们理解、认同了深度学习理念，学习了优秀的案例，但是到了自己的课堂上，还是有很多不如意的地方。例如，学习单元到底要怎样设计？往往是课堂问题多了，但是思维容量没有增加；活动多了，但是学生的实际收获不够。究其原因，主要有两个：一是教师的教学改进需要时间和实践；二是学校内学科教研组的作用没有得到充分发挥，造成学科教研缺位。

怎样解决这个问题呢？建设学科教研基地，使深度学习落地。基地建设能提高学科校本教研的效率，能支持学校优势学科建设，发挥优势学科的示范引领作用。

案例链接

海淀区从2014年开始建设高中学科教研基地，基地建在学校，由高水平学科带头人领衔。2014年开始规划项目、制订方案、研制基地标准，2015年项目开始启动，学习先行、实践取向、以评促建，2016年第一批学科教研基地挂牌。3年的时间，近200个学科教研组申报，两批学科教研基地挂牌，海淀区15个学科的47个高中学科教研基地脱颖而出，覆盖全区35所学校。随后，小学、初中也快速推进。2017年，小学有9个学科的17个学科教研基地建立，覆盖11个学区。2018年，又有109个学科教研组申报第三批中学学科教研基地，并进入答辩环节，实现了全学科覆盖。

什么是学科教研基地？学科教研基地是指在教研员的指导下，由学科首席教师主持、本校教师共同参与，以加强学校学科建设为目标，聚焦学科的课程规划、课堂教学、学业评价、教学资源和队伍建设中的关键问题开展研究和实践，整体提升教研组学科育人能力的学科教研团队。学科教研基地建在学校，分学科建设，以学科教研组为主体，是教师共同解决问题、共同发展的新机制。

学科教研基地是支点，撬动学校特色发展。学科承载着育人的使命，通过学科建设能够带动学校全面改进、多样化发展。基地建设的意义在于建设本身，学校以自己的优势学科为抓手，通过自我定位，进一步明晰学校育人特色与方向，以课程体系的结构性优化为载体，以课堂教学改进为核心，促进教师的专业化成长，最终实现学生核心素养的提升。

建设学科教研基地的过程，就是由学科首席教师引领教师团队发展的过程，这也是一种促进教师发展的新机制。一是强化"关键人物"

的力量,将"关键人物"确定为学科首席教师——在学科建设上有想法,在问题研究上能引领,能站在学校的角度思考学校特色和学科发展方向。二是教育行政部门与业务部门协同推进,定政策、发文件、给经费、组织协调;教研员做全区统一业务指导,研制方案、制定标准、集中培训、协调专家、跟进指导,激活基地校学科教师教学的动力和活力,为学校全面、优质和特色发展创造契机。三是学校积极参与申报,强调"校本研修共同体"——这是学习的共同体、解决问题的共同体,大家彼此信任、深度互动;每一位教师既是研究者,也是被研究者,大家互为研究对象,这样角色的不断转换有利于边研究边实践、边反思边改进,用优势学科带动所有学科发展。四是强调"基地孵化",从名师个人成长到带动一批教师成长,学科首席教师要变被动参与教研为主动组织教研,积极寻求与其他学校的合作,积极寻找专家资源,用更深刻的思考、更丰富的内容、更多样的形式激发大家。

学科教研基地是区级教研的一种延伸和补充。落实立德树人根本任务,要鼓励学校加强学科建设,借助教育政策的引领和支持,在探索打破"千校一面"的局面、丰富学生选择、促进深度学习和学生个性发展等方面,发挥学科教研基地不可替代的作用。

学科教研基地首先是培养人的基地。例如,从下面北京一零一中历史学科教研基地三年工作方案中,我们可以看到不同发展阶段教师的发展目标、途径和具体任务。(见表4-2)

案例链接

表4-2 北京一零一中历史学科教研基地三年工作方案

时间	理论学习	课堂模式探索	资源建设	教师队伍建设
2018.9—2019.1	从立德树人的根本任务入手理解学科核心素养	生态智慧课堂模式构建的基础:学生课前的"已知"是什么	丰富教学资源——课用材料搜集整理	培养新入职教师,帮助陈昂、李霞两位教师迅速发展,向区级骨干教师标准看齐

续表

时间	理论学习	课堂模式探索	资源建设	教师队伍建设
2019.2—2019.7	进行有关"史料实证"的学科核心素养理论学习	生态智慧课堂模式构建的目标：学生需要掌握的"未知"是什么	丰富教学资源——课后阅读材料搜集整理	以备课组为单位，分工合作，推动所有教师专业发展
2019.8—2020.1	进行教学策略理论学习	生态智慧课堂模式构建的策略研究：从"已知"到"未知"的桥梁	初步完成新一轮课程改革电子资源库建设	组内定期开展读书交流会，提升教师的专业素养
2020.2—2020.7	进行有关"历史解释"学科核心素养的理论学习	针对课程内容的变化确定教学目标，立足"促学"的教学实践探索	各年级精心打磨一节课	每个备课组互相听课、评课，推出一节优秀课并展示，推动教师专业发展
2020.8—2021.1	组织专家讲座，进行历史学和历史哲学的理论学习	史学理论和史学方法选修课程的教学策略探索	完成史学方法与理论课程的资源建设	督促每位教师至少写一篇论文，从教育叙事到理论构建，逐步提高教师的理论水平
2021.2—2021.7	开展研讨：素养立意下的教学变化探索	论坛式研究：总结三年教学改革以来课堂的变化和教师的成长	形成论文集	使大部分成员成为研究型教师

3. "微项目"研究、实施——解决深度学习大难题

对于学科教育教学中遇到的困难，建立项目机制，通过立项，开展研究、实践、反思、总结，然后再推进。这是一种很有实效性的方法。那么，具体该怎样做呢？

将深度学习落实到每个教学设计、每节课堂教学、每个教学活动中，这样才能扎实地培养学生的核心素养。教师只有经历了课堂教学

中的碰撞与触动，才能更好地理解深度学习。推动学生深度学习的过程，也是教师进行深度学习的过程。在这个过程中，"双微驱动"教研模式发挥了重要的作用。

"双微驱动"教研模式，是指学科带头人以"微项目"为载体，带领"微团队"发现、研究、解决学校在学科教育中的困难，在课堂教学中落实课程标准，提升学生学科核心素养的一种教研模式。

"双微驱动"以小见大，是用研究的方法破解深度学习的难题。以"微项目""微团队"为依托，将大项目化为小课题，将学科大团队转为攻关小组，依托小课题研究，发挥团队专长，解决深度学习中的各类问题。问题解决式课题研究使教师真正体验和掌握教育科研的一般方法，让青年教师把听课评课这种单一的研究形式，扩展为一种专业化的科研模式，逐步实现从经验型教师向研究型教师转变。善发现、会研究、能解决，是新时期好教师的必备能力。

教师形成教研共同体，在课堂的场域中进行研究，从研究教师的教到兼顾学生的学。学生立场，教师视角，以学定教，以研促教，是尊重教育规律、以人为本的具体表现。教师结伴，在课堂上研究学生的学习特点、学习方式、学习障碍点，对教师上课的行为进行观察、记录、分析，可以获取最真实的第一手资料。将学生的学业评价数据——从知识板块到能力板块、从基础素养到高级素养、从现状到历史趋势，结合学生学习行为、教师教学行为进行综合分析，找到教学改进的空间并实践。

这里的教学改进关注学生的学习路径，关注学习的障碍点与增值点、任务设计，关注实践性学习，把"因材施教"落实到课堂中，也突出了教师发展的实践性、现场性。这样，"学习者分析""学科教学目标的确定""学生学习行为研究""基于数据分析的教学改进"等都可以成为"微项目"。

下面以"初中化学教学关键问题实践研究"项目为例，论述从学科的角度，团队是如何提炼学科教学关键问题，怎样解决问题，怎样呈现内容以及怎样应用的。

案例链接

项目背景：随着基础教育课程改革的深入推进，教师的教学理念发生了显著变化，理论水平和教学实践能力均获提升。但是，从学生是否能够实现深度学习、能否得到全面发展的角度观察课堂教学现状，还普遍存在一些教学关键问题：一是教师从课程、学科、学生的角度思考教学的系统性不够；二是教学设计思路的结构化程度不够，具体表现在教学设计的关键环节缺少内在的系统关联；三是教学过程设计中不能将情境素材选取、问题设计、教学内容组织、教学活动安排和学生发展进行逻辑关联，教学理念和行为脱节。为解决上述问题，有必要帮助教师明确提高教学实效性的关键所在，对学科教学的关键问题进行系统梳理，并通过研究和实践解决。

"初中化学教学关键问题实践研究"以对初中化学教学现状的研究与思考为基础，以促进初中化学教学质量提升的教学关键问题为导向，以解析教学关键问题、提供问题解决方案为途径，深化教师对课程理念的理解，促进教师将教学观念转化为教学行为，系统提升教师进行教学内容分析和学习者分析的能力，提高教师的教学设计和实施能力。

1. 教学关键问题的梳理和提炼

以课程标准核心内容主题、教师专业发展PCK（Pedagogical Content Knowledge，学科教学知识）、教学设计和实施的核心环节的构成要素为教学关键问题的提炼维度（三者分别为维度一、维度二和维度三），内容维度上关注对学生发展核心素养培养最有价值的化学学科核心内容，在教师PCK维度上聚焦教师学科教学实践能力发展的障碍点、关键点和生长点，在教学关键维度上聚焦"目标—问题—活动—评价"一致性问题。

教学关键问题分为三类。(见图4-1) 第一类为跨学科通识性教学关键问题，即教师进行教学设计和实施的一般性问题，可依据维度二和维度三进行梳理提炼，如如何制定具有评价操作性的教学目标等。第二类为学科内通识性教学关键问题，是关于学科内容的一般性教学问题，可依据维度一和维度二进行梳理提炼，如化学元素的学科应用价值有哪些等。第三类为实践性学科教学关键问题，是教师教学设计和实施的实际操作过程中的具体问题，可依据维度三和维度一、结合维度二进行梳理提炼，如基于化学元素的目标功能定位如何设计学生活动等。

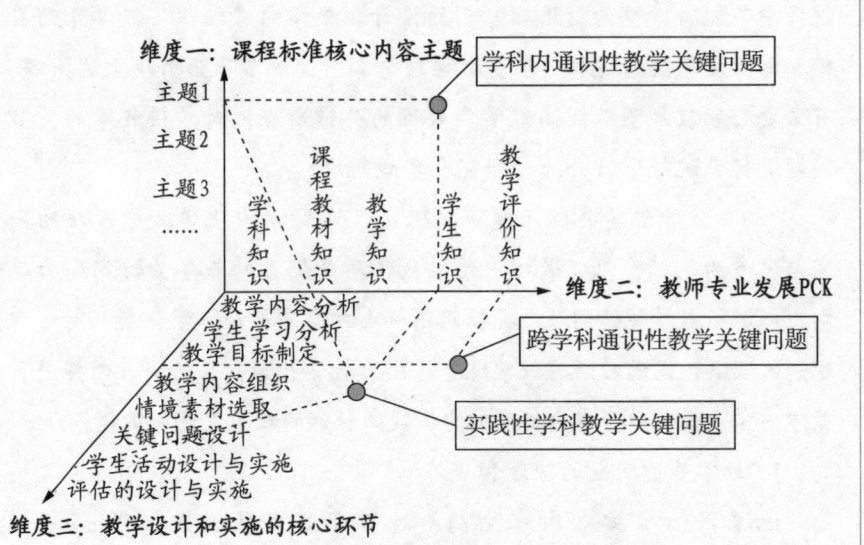

图4-1 学科教学关键问题三维提炼模型

基于模型和实践调研，结合教师的专业发展需求，研究团队最终确定了涵盖初中化学课程标准5个一级主题、19个二级主题的25个初中化学教学关键问题，系统、完整地确定了教学关键问题清单。

2. 教学关键问题的分析解决

为了更加高效地开展研究和实践工作，使教师培训、教学改进和资源建设同步推进，研究团队按照图 4-2 所示的机制开展各项研究工作。即先对教学关键问题进行整体规划和设计，再根据规划筛选素材，最后展开视频及文本资源的具体设计和实施工作。

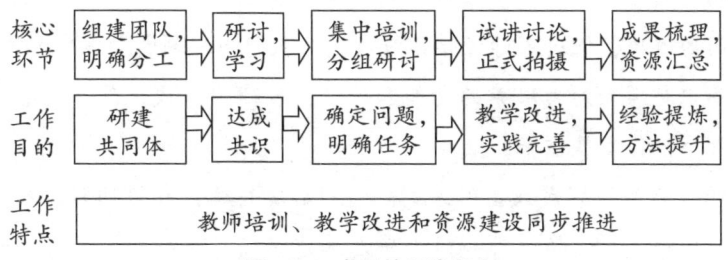

核心环节	组建团队，明确分工	→	研讨，学习	→	集中培训，分组研讨	→	试讲讨论，正式拍摄	→	成果梳理，资源汇总
工作目的	研建共同体	→	达成共识	→	确定问题，明确任务	→	教学改进，实践完善	→	经验提炼，方法提升
工作特点	教师培训、教学改进和资源建设同步推进

图 4-2 成果的研发机制

（1）教研员、专家和一线教师组成研修实践共同体，成果研发与教师培训同步进行。团队成员包括高校专家学者、区域教研员、一线骨干教师和教育技术人员，整个团队既具有强大的教育学心理学背景、坚实的课程教学和化学学科专业功底，又具有丰富的一线教育教学实践经验和教育技术实践技能，从而保证项目取得高质量成果。研究和实践的各项工作由教研员牵头，学科指导专家与一线教师共同参与、深入研讨。研究规划阶段，专家与教研员共同进行方案研讨，对参与项目的骨干教师进行全员培训；案例研发阶段，专家、教研员和授课教师分组进行问题梳理及课例研讨，定期集中交流，逐步形成研究成果；成果实践阶段，专家团队持续深入课堂，与一线教师展开专题研讨并指导其进行教学改进。

（2）理论与实践深度对接，成果研发与成果实践同步进行。研究团队通过"边研边改、循环上升"的工作机制，保证问题解决方案能够真正起到改进和指导教学实践的作用。在项目准备阶段便吸纳一线骨干教师加入，共同参与教学关键问题的梳理和提炼，使问题来源于教学实践中的真实困惑。成果研发时，指导专家、教研员和一线教师深度互动，就教学关键问题的解决方案进行深入研讨，并依据课堂教学实际效果进行反馈，对方案做出改进后，进行下一轮的实践完善，最终确定问题解决方案。成果应用于区域教研时，教研主题聚焦教学关键问题解决，促进教师教学系统改进；教研内容创新聚焦学科本质，探讨知识对学生能力培养的功能和价值；教研形式线上线下结合，满足教师个性化发展需求。

（3）系统规划成果呈现方式，问题解决与资源建设同步进行。在探索问题解决方案的同时，同步研发和建设项目成果的视频资源和文本资源。组建团队后，在方案规划初期项目团队就教学关键问题的系统架构和课程资源的整体规划等问题进行研讨、学习和培训，在学科教学理念、资源建设思路等问题上达成共识。项目组专家和教师通过反复研讨、实践、调研、改进和再实践，逐步建立了指向教学关键问题解决的教学案例库和教研资源库。教研资源中既有专家的理论指导和案例点评，又有进行了"切片"处理的、丰富生动的课堂教学片段，是一套完整的教师教研、教师培训资料，在区域学科教研中可以通过集中、分层、网络教研等多种方式灵活使用。

（4）教学关键问题、教学案例主题全覆盖，有利于教师教学实践能力的全面提升。依据教学关键问题提炼模型，结合教师的专业发展情况，能够系统、完整地确定教学关键问题清单。可以通过教学关键问题的解决更好地落实《义务教育化学课程标准（2011年版）》的要求，帮助教师把握学科本质和学科基本思想方法，突破教师学科教学实践能力发展的障碍点、关键点和生长点，丰富教师学科教学知识。教学案例主题覆盖课程核心内容，对初中化学教师教学具有重要的指导和借鉴价值；同时案例中以电子文件的方式提供教学素材，方便教师自己进行教学设计时使用。

3. 项目成果实践情况

项目总结了实践成果，形成了《初中化学教学关键问题指导》，并得到了推广应用。

在区域教研和校本教研中使用教学关键问题解决的系列资源，提升了教师专业发展水平，提升了学校教学质量。成果应用于实验校校本教研和区域教研。来自14所实验学校的24位一线教师，通过基于教学关键问题分析和解决的区域系列教研活动，示范引领全区60余所初中校的近180名化学教师，使万余名初三学生受益；组织广大教师开展线上线下混合式研修，满足了教师的共性和个性需求，整体提升了区域化学教师专业发展水平，为促进学校教学质量的提升做出了贡献。

教师对化学学科的教育价值有了更深刻的认识，提升了教学活动设计和实施的质量，提高了自己的教学能力。研究深入探讨了初中化学课程核心内容对学生认知发展的功能和价值，帮助教师启迪学生的科学思维，培养学生的实践能力，引导学生认识化学、技术、社会、环境的相互关系，理解科学的本质，提高学生的科学素养；基于系统的教学内容分析和学习者分析开展教学设计和实施，提升了教师教学活动设计的质量，提高了教师的教学设计能力。

学生学习化学的体验更加深刻，兴趣更加浓厚，探究能力获得发展，认知方式发生转变。实验校学生对化学学习的兴趣和期待都显著增强；学生掌握了科学探究的一般过程和环节，实验技能和探究能力获得显著提升；在问题解决活动中，学生逐渐完成了关于化学认知的整体建构过程。

"初中化学教学关键问题"研制的理念、思路、模型和机制被全国多个地区教研同行借鉴和使用，提升了他们的工作质量。通过讲座、培训、资源共享等方式，辐射全国近20个市或区的学校教师，全国10

余所教师研修机构借鉴了"初中化学教学关键问题"的梳理方法、提炼模型和资源研发的推进机制，10个学科正在进行学科教学关键问题的资源研发工作，取得了较好的成效。

成果形成系列教师教育资源，在网络平台上推广使用。"爱课程"网为成果的实践应用提供平台，"初中化学教学关键问题"微课资源被开发成针对不同教师群体的研修课程，面向公众客户（MOOC课程，即大规模在线课程）和本区初三化学教师（SPOC课程，即小规模限制性在线课程）开展混合式研修。成果还在教育部"国培计划"等多个项目培训中发挥了重要的支持作用。

（二）建立种子团队，智力支持深度学习

1. 教研员是提高教育质量的重要力量

教育发展，归根到底要靠教师团队的力量，这是一个区域提高教育质量的关键。优秀的教研团队是通过提高教师的软实力来服务地区教育发展的，是教育质量的学术保障。

教研员要帮助教师对学科育人价值和学生学习进行再认识。区域优秀教研团队是推进深度学习的核心力量。"深度学习"教学改进项目，引导教师对学科育人价值和学生学习进行再认识，深刻理解学科本质及其内容结构，明晰核心要素及其内在关联、学习目标与内容之间的桥梁、学习方式与持续性评价之间的关系，读懂学生，转观念、转方式，提高教师进行教学设计和实施的能力。这些都挑战了当前教师的专业知识结构和能力，需要区域优秀教研团队在实际工作中的专业支持，以解决教育教学中的实际问题。

深度学习倡导选择学科的核心内容进行整体分析并开展教学。学科核心内容一般是指本学科稳定的、经典的、体现学科核心价值并承载学科思想方法的内容，一般不是单一的知识点，而是知识的集群，

通常以单元的形式出现。只有深刻理解、准确把握学科核心内容，才能够选择好单元、确定好主题、制定好目标、设计好活动及其评价，才能厘清单元之间的关系和单元内课时之间的关系，而这些都需要区域内每个学科优秀的教研团队提供智力支持。

案例链接

以化学"金属材料的选择和使用"为例，高中必修阶段的"金属元素及其化合物"，属于《普通高中化学课程标准（2017年版）》必修课程内容的一级主题"常见的无机物及其应用"。研究小组基于深度学习理论设计本单元的学习主题为"金属易拉罐材料的选择和使用"。易拉罐材料通常为铁铝材料，这是学生生活经验中非常熟悉的材料，也是课标中要求掌握的重要物质。"金属材料的选择和使用"则涵盖材料领域的基本问题：材料的性能、制备、回收和利用；同时也涵盖核心的化学知识：金属及其化合物的组成、分类、性质和用途。研究材料的性能、制备、回收和利用，需要综合利用上述化学知识，这是应用化学学科认识和研究物质的一般思路与方法。

教研员要在教师进行"深度学习"教学改进项目实践中做贴身指导。教师成长的重要标志是课堂教学水平的提高，教师的成长过程就是不断实践、体验、感悟、改进课堂教学的过程。教师解决深度学习的学科教学难题需要教研团队共同参与。在每一个学科、每一轮深度学习的教学实践之后，都要对以下内容进行再反思、再优化：单元学习主题合适吗？单元学习主题之间的关系如何？学习内容分析得到位吗？单元学习目标确定得精准吗？学生学习情况的分析和学习策略的选择合适吗？学习活动的设计是否体现了深度学习的理念？学习预设和课堂实际发生的情况一致吗？学生深度学习的效果如何？教师们基于对这一系列问题的反思，从多个角度——比较，进行阶段性深度学习的教学总结，做好下一轮的实践准备。这些需要区域教研团队和一线教师一起来研究策略，一起在课堂教学中探索、实验。教研团队还要在实践的基础上提炼解决问题的思路、方法，帮助教师树立优秀成果典型并进行推广，发挥优秀成果的示范引领作用。

案例链接

以化学"多角度认识物质的化学变化"单元学习主题为例，物质的化学变化是初中化学的核心内容，随着研究的深入，教师对教材内容价值的认识也发生了深刻的转变。教师在以往的教学中更多关注的是对化学变化核心知识的概念辨析，而容易忽略概念的本体价值，忽略概念学习对学生学科能力发展的价值。教师虽然也关注知识的实际应用，但往往是在知识辨析之后提一个类似应用题的问题，目的是落实知识，这就容易出现知识和应用"两张皮"的现象。

针对这种状况，教研员和教师们围绕以下问题展开探讨：第一，学生达成什么样的认识才算深度学习，即深度学习的目标；第二，教学中如何帮助学生达成这样的认识，这就涉及深度学习教学活动的设计和实施；第三，怎样知道学生达成了上述的这种认识，涉及持续性评价方案的设计和实施。

随着对这样一系列问题探讨的逐步深入，教师们对化学变化的认识也逐渐明晰。两所实验校教师通过多轮次备课、试讲、改进和再实施，在单元学习主题、学习目标、学习活动和持续性评价的四个要素上均进行了反复论证，并针对持续性评价方案收集了大量学生数据，为验证深度学习的效果提供了数据支撑。

从学科本体看，物质的化学变化有着丰富的内涵，对学生的认知发展具有重要的作用和价值。学生通过4课时的学习，在联系实际的真实情境中发现问题、解决问题，在问题解决的过程中自主建构起对物质化学变化的认识视角，完善对物质化学变化的认识思路，形成相应的认识方式，而这种相对稳定的认识方式可以迁移到其他任务和问

> 题的解决过程中。
>
> 从学生的课时作业和单元总结作业可以看出，通过单元学习，学生比较好地达成了上述单元学习目标。遇到新的问题情境或任务时，学生能够自主地调用对化学变化的认识视角，并能够应用相应的认识思路解决新问题。教师的持续性评价方案在内容和形式上虽然还有待完善，但方案的设计思路是正确的，体现了评价方案与学习目标的高度一致性。

区域教研部门的主要职能就是服务学校和教师发展。"深度学习"教学改进项目，要求区域教研机构发挥好"现代化立交桥"的作用，在教育理论和教学实践、教师的教和学生的学之间，发挥联通、转化作用。教研要围绕深度学习实践的关键环节，以解决实践问题为导向，以学生核心素养的提升为切入点和目标，做好指导。区域教研部门指导教师研究学生和学法，将学科知识与生活生产实际关联，通过设计具有综合性、复杂性、实践性的任务，引导教师从学生学习目标达成的视角进行教学改进，从经验转向经验与实证相结合，促进学生学科核心素养的形成和发展。

2. 着力提升区域教研团队的核心素养

让我们思考区域优秀教研团队的组成结构。从单位的角度来看，教研团队特指区域的教研员团队；从日常工作的角度来看，每个年级、每个学科都有一支教研团队，教研员带领一线骨干教师组成教研中心组，负责本年级本学科全年教研工作的规划、课程的设计与实施；从研究课题（项目）的角度来看，每一个课题组（项目组）的核心成员都是一个教研团队，都是由教研员牵头，由一线骨干教师、高校和科研院所的专家所组成。

其中，区域的教研员团队的学科结构、专业结构、学历结构是重点考虑的因素，随着课程改革的深化、育人目标的变化，区域要顶层规划、统筹推进，根据学生发展需求、学校教育教学工作需要来配备专业的教研员。首先是每个学段内要配齐学科教研员。一般都在区域内各个学校特别优秀的学科教师中选择教研员，如果区域较大，建议主要学科每个年级配一位学科教研员。其次是配备区域课程指导、质量评价的教研员。课程指导的教研员在学校课程方案的规划、校本课程的开发方面给予指导，在学生学习的源头上做好专业支持；质量评价的教研员在区域学业质量测试的基础上，基于数据进行分析、反馈，并指导学校教学管理的改进和课堂教学的改进。这是基于实证的教学改进，非常重要。这两个专业的教研员目前在大部分地区并没有，需要增加配置，以确保"课程—教学—评价"的一致性。最后要增大教研员中硕士研究生、博士研究生的比例，确保区域教研员研究问题的能力强、解决问题的水平高。这可以在引进教研员时进行通盘考虑。

每个年级的教研中心组都是由区教研员牵头，由来自各基层学校的教师所组成。这些教师是本区域内优秀教师的代表，他们既可以带来一线教师的客观需求，也可以贡献更多类型的实践经验。教研中心组的研讨可以确保年级教研的方向、主要内容的选择、主要问题的确定及解决思路的正确。制订年度教研计划之后，教研中心组的教师分工合作，以此来保障教研的质量，同时，这也是大家实现专业成长的平台。

以课题组为单位的教研团队，聚焦教育教学改革中的难点问题，共同研究、实践、改进，保证了问题解决的科学性、实践性、可操作性。这个团队，就是一个学习共同体，专家既引领，也参与研讨、解决问题；同时，一线教师的实践经验非常宝贵，对成功经验的提炼和分享，就是团队成长的过程。这个团队是在解决问题的过程中成长的，团队中的每一位教师都将成为带领其他团队解决问题的金种子。

教研员应该具备哪些基本素养呢？教研员被很多人称为"老师的老师"，他们通过研究、指导、服务，帮助教师成长。在不同时期，教研的内容、方式都在发生变化。在经历了知识和学历的"补偿型"教研、优秀教师的"示范型"教研之后，当前教研由原来的单纯研究课堂教学转向研究教育教学全要素。为此，教研员就要具备更加多元的素养。

教研员是区域的"学科首席教师"。教研员是国家课程方案和课程标准的解读者、细化者、执行者，是学校和教师工作问题的发现者、指导者、解决者，是学校和教师实践经验的发现者、总结者、推广者。因此，区域的学科首席教师，即一个区域内负责日常学科建设的最高业务领导，承担着整个区域本学科教师研修的课程规划、研修实施、质量评价、资源建设等内容学科建设的主体责任，以及给教育行政部门提供可作为决策参考的专业建议的责任。因此，具备优秀教师的素养，仅仅是成为教研员的一个基本要求。

此外，教研员还要具备相应的专业精神、专业知识和专业能力。（1）专业精神是教研员工作的内驱力，包括专业意识和专业情怀，体现了教研员对本区域教育的责任与担当，体现了教研员不断自我超越的工作态度和教育境界。（2）专业知识是教研质量的基础，包括学科专业知识、学科教学知识、教师教育知识和课程知识。教研员只有专业知识精深，课程意识强，重视对课程育人的研究和指导，才能提高课程育人水平；只有更加关注教师和学生的真实需求，才能为教师提供个性化、差异化的指导和服务。（3）专业能力是教研品质提升的保障，包括课程建设与资源开发能力、教学研究与指导改进能力、质量评价与分析反馈能力、教育教学科研能力。总之，教研员团队只有围绕关键领域与核心环节，拓宽研究的广度，增加研究的深度，才能发挥优质课程资源的示范引领作用；只有加强"学"与"教"的关键问题研究，基于真实问题，基于客观事实和可靠的数据，科学地进行教学分析和指导，才能推动教学提质增效。

教研强，则质量高。教研员工作在教师身边，比如在海淀区，每位教研员平均要负责 200 多位教师的专业发展。教研员围绕学科教育的关键领域与核心环节，和教师一起破解难题，推动教学改进；教研员还要主动学习，提升自己的素养，引领、带动教师提升教育质量。这支队伍是地方教育行政部门应该特别重视的队伍，是核心团队。

案例链接

北京市海淀区教师进修学校每年暑期都有封闭式研修，结合改革背景和区域实际，精心设计研修主题，组织开展专家报告、分组研讨、分享交流、项目汇报等活动，与来自全国的优秀专家、校长和教师，采用多种形式互动学习。其中部分主题是：学科本质与创新实践能力、面向未来的区域研修、学科核心素养与研修创新、教研员课程领导力建设与研修创新、研修创新与课程育人能力提升、新时期教研的使命与担当等。

日常工作过程中，根据不同部门、不同教研员群体的需要，还有专题研修，部分研修专题见表4-3。

表4-3 北京市海淀区教研员日常研修的部分主题

1. 课程改革与教学改进	2. 学校课程建设工作坊
3. 综合实践活动课程学习活动设计与实施	4. 学校课程方案研制工作手册
5. 学生学习方式变革	6. 深度学习的学科实践
7. 项目式学习活动设计与实施	8. 基于科学本质的探究教学
9. 学科教学关键问题的提炼及解决	10. 促进学科能力发展的教学改进
11. 学业标准与教学指导	12. PISA数据给我们的启示
13. 作业设计与命题研究	14. 学业评价框架研制
15. 学业发展水平评价暨学习诊断改进项目	16. 信息技术与学科教学的深度融合
17. "绿色成长"学科德育	18. 学生成长顾问国际研修
19. STEAM（科学、技术、工程、艺术和数学）及创新教育	20. 专题跟进式国际研修规划与实施
21. 高中学科教研基地建设	22. 教师教育资源建设与应用
23. 未来30年技术发展的趋势	24. 基于研训转型的能力建设
25. "5+M+N" 教师研修课程	26. 新时期教师专业发展
27. 教师培训者引导力参与式工作坊	28. 海淀区教师进修学校支持中小学发展研究
29. 基于核心素养发展的区域教研转型	30. 互动式教研模式

(三)先行先试,形成区域实践策略

"深度学习"教学改进项目对教师的要求较高,超越了一般意义上以知识获得和技能提升为主的教学。通常,在每个区域内不同学校的情况存在差异,教师群体类型多、学历差异大、实践经验差异大,学科之间也会存在不均衡的情况。那么,在一个区域内,如何做到点面结合?应该以什么样的策略推进"深度学习"教学改进项目呢?答案是部分学科和部分学校先行先试,提供学科和学校的实践模型,第二年再开始逐步推进,增加学科、学段,扩大实验学校的规模。

1. 选择实验学科和学校,探索学科深度学习的实践策略

项目实施的第一年,可在本区域选择部分学科先行试点。可选择学科带头人实力强的 3~5 个学科,教师集中精力学习、实践,教研员贴身指导。在教师进行课堂实践、经验总结、策略梳理之后,再增加实验学科,直至全面覆盖。

(1)分学科积极探索具有学科特质的学习方式。所有学科深度学习的理念是一致的,但是学科特质并不相同,因此还需要进一步探索适合学科特质的学习方式。

例如,学生化学核心素养的发展是一个自我建构、不断提升的过程,教师应尽可能设计多样化的实验探究学习任务,发展学生的化学科学实践能力;应结合具体的化学教学内容的特点和学生的实际,引导学生开展分类与概括、证据与推理、模型与解释、符号与表征等具有学科特质的认识活动,发展学生的化学科学认识能力;应注意设计真实情境下不同复杂和熟悉程度的问题解决活动,引导学生通过小组合作、实验探究、讨论交流等多样化方式进行问题解决,发展学生的化学科学运用能力。

因此,教师的一个重要任务,就是要紧紧围绕化学学科核心素养发展的关键环节,提出结合实际的挑战性任务,以此来引导学生积极开展建构学习、探究学习和问题解决学习。

深度学习的单元学习主题可以实现教学内容的整合,避免知识琐碎、零散。单元主题教学是打通知识到素养的通道,只有让学生完成具有挑战性的任务,获得对知识和学科思想方法的深刻理解,才能让学生实现对知识的迁移应用,进而形成学科的关键能力和必备品格。

(2)比较深度学习和常规教学设计的主要差异,抓住项目实施的关键要点。深度学习的教学活动设计是素养导向的,更关注人的发展。它与常规教学设计的区别主要如下。

一是基于单元学习主题的教学设计会围绕主题进行教学内容的选择和组织,形成更具功能性的知识结构,强调在知识获得的基础上,发展学生的核心素养;常规教学活动设计是知识导向的,更关注知识的结构性,以知识的逻辑顺序为主来确定教学顺序,强调知识的结构。

二是基于单元学习主题的教学设计会围绕主题形成驱动性任务系列,综合考虑问题解决过程、学生认知发展顺序、知识逻辑顺序等,再确定教学顺序;常规教学设计主要涉及教学环节和环节间的过渡、素材例证的选取等方面。

三是基于单元学习主题的教学设计会依据驱动性问题设计学生活动及其评价方案;常规教学设计中的教与学的方式以教师启发讲授为主,学生主要进行识记、理解等思维活动。

四是在基于单元学习主题的教学设计中,教师以引导为主,采用合作探究、交流展示等多种教学方式,学生独立或者小组合作进行任务分析、解决问题设计、互相质疑研讨、评价及改进等发展高级思维的活动;常规教学设计以教师精确的讲解为主,学生以倾听为主,参与度低,生成少。

通过这样的比较研究,可以抓住深度学习单元教学设计实施中的重要环节和关键要点进行实践性突破。

(3)选择深度学习的实验学校,探索学校实施深度学习的策略。在启动阶段,"深度学习"教学改进项目除了要选择适合的学科之外,还要选择适合的实验学校。实验学校是学科教学研究、课堂实践、经验产生的场域，也是项目整体运作的典型示范。开展"深度学习"教学改进项目的实验学校应该具备校长重视、有学科带头人、有教育探索创新力、有教学研究改进机制、有持续工作的韧性等特点。要在校内建立相应实验学科的学习共同体，制订学校项目的工作方案，明确长期和近期目标，建立相应的学习、研讨、上课实践、反思改进、定期交流的机制，改变课程管理形态，促进课程领导力的提升，全面提高学校教育教学质量。同时，在实践的过程中还要不断提炼、梳理学校层面的实践策略，引领项目在全区范围内推进。

2. 梳理提炼实验成果，分享交流引领全区跟进

围绕核心目标进行探索之后，要梳理提炼实验的成果，通过现场会等形式交流分享、现场体验、全面推进。

（1）让学科提供一个深度学习"好课"的基本框架。"深度学习"教学改进项目意在为教师提供专业思考教学全过程、科学进行教学设计并严密组织教学过程的思维方法和实践模型，根据总项目组的指导，提供一个"好课"的框架，是为了明确深度学习课堂的基本要素和基本流程，而不是为了给教师提供某种固定的教学模式或者教学法。经过三年及以上的实践，教研团队可以研制出一套学科教学实施指南用以规范、指导、开展深度学习，并以此带动其他学科推进深度学习。

（2）建立深度学习的校内学科教研组工作机制。即要建立校内学科教研组"理论学习—教学设计—研讨修订—教学实施—反思改进—资源传承"的工作机制。虽然教师们每次都参与学习、研讨，但不同教师参与的程度是不一样的，收获也有较大差别。为了更好地传承和发展项目研究成果，可对每个教学案例进行整理，形成优秀教学案例资源包，便于教师学习和使用。借助教研活动让授课教师说课，分享理解和收获。再次备课前，可以让授课教师再次阐述设计意图，并与新的备课组一起备课。这样，参与过的教师在沉淀一段时间后，对教学案例的设计会有更深的理解，再次备课时，会根据学生学习情况和

自身风格进行改进。由此,实践过的教学案例在新一轮的实施中就得到了传承和发展。

(3) 研发深度学习优秀教学案例并发挥其示范作用。在学科教学实践过程中,要特别关注教学资源和教师研修资源的传承应用。这些资源包括情境素材资源、挑战性任务资源和优秀教学案例资源。通过项目组成员的深度实践、交流,实现典型案例的研发和推广。教学案例的研发,可以采用骨干教师带领团队逐步推进的策略。项目开展伊始,骨干教师可在专家指导下先进行案例研发,之后骨干教师带着青年教师一起进行案例研发,再由教研组每位教师独立实施案例研发,并逐步进行推广。从备课到试讲再到正式讲授,研修共同体全程深度参与。同时,基于课堂观察和学生访谈获得的数据,不断对案例进行优化。具体流程是:团队确立教学内容和改进方向—授课教师独立备课—集体备课研讨—授课教师再备课—授课教师试讲、学生访谈、集体指导下进行教学优化—授课教师再修改—授课教师正式讲授、学生访谈、集体探讨总结。

> **案 例 链 接**
>
> 以化学学科为例,2015—2016 学年,北京市海淀区教师进修学校化学教研室将"深度学习"教学改进项目实践与初三、高一年级的化学区域教研活动紧密融合。如高一年级教研员在学年初便将年度教研主题确定为"指向学生深度学习的元素化合物教学设计及实施",并结合"深度学习"教学改进项目的研究计划,系统规划了不同类型的区教研活动——专家讲座、教材分析及研究课的系列主题。同时利用项目实验校的案例开展校际联片研修和校本研修,项目组的学科专家指导团队深入课堂一线,与教师共同开展学生访谈,分析学生测试结果,基于学生学习效果共同研讨教学改进策略,梳理归纳案例成果。(见图 4-3)

"深度学习"教学改进项目实践促进了深度教研，也推动了项目实验校的深度合作。项目与教研的融合促使教研主题聚焦学生学科素养、聚焦教学实践改进，丰富了教研活动的内容及形式，增强了教研活动的层次性及针对性，创新了教研模式，使参与项目的学校、教师和学生均获得发展。

图 4-3　项目活动与区域教研活动整合推进模式

　　一般来说，学期初进行整体规划。学期中利用专家讲座活动进行项目理论的集中培训；利用校际联片研修开展典型教学案例研发的备课和集体研讨；利用教材教法分析活动示范教学设计和改进的思路方法；利用研究课活动展示单元整体教学的关键课时，并添加教研员的课例导读及授课教师的课后反思。

　　以下是来自某实验学校的收获。

　　"我校初三化学备课组经过本轮研究，在复习理念及策略上均有很大转变——由原有的知识的简单重复、巩固，转变为科学地、有策略地复习。

　　"（1）联系学生实际，把握教学起点。'认识'是一个心理学名词，是以学习者为主体的。教师要研究学生在学习前和学习后对知识的认识是什么，在课前进行前测，授课后观察学生在认识上的真正变化。教师需要准确分析学情，在准备阶段和激活先期知识与获取新知识阶段做好充分的研究，这样才能使深度加工知识阶段顺利进行。

　　"（2）基于学情，提升学生的能力，发展学生的认识。复习阶段的备课既关注知识的落实又研究可发展的学生能力和认识。以'化学变化'为例，它从简单的化学变化定义出发，在不断总结学过的化学反应的过程中，丰富对化学变化的认识；再到如何利用和控制化学变化；最后研究如何通过现象确定化学反应的发生。学生在知识上、认识上和分析解决问题的能力上都有了很大提升，感受到即使是复习课，自己也在学习'新知识'。

"（3）创新活动形式。经历了深度学习的备课过程后，教师授课时的教学思路会更广阔，会采用一些新的教学形式，如为学生复习制作视频、设计新的实验，从而大大提升了课堂效率。教师们表示在今后的复习课中要积极思考多种多样的教学形式，开展丰富有趣的教学活动。"

从"学校案例实践"到"区域案例研讨"，要形成区域自己的深度学习优秀教学案例，并在项目深入推进过程中，发挥示范引领作用。例如，北京市八一学校经过实践，先期形成了一批教学资源：历史学科的"内忧外患与中国近代化的起步""近代前期大众传媒的变迁""大一统的秦汉帝国""新青年与新文化运动""一带一路"等；化学学科的有机单元复习的微项目主题"手机中的材料——有机合成"和无机元素化合物的微项目主题"与元素化合物相关的社会性议题"。

3. 形成区域推进深度学习的基本策略

随着项目的不断推进，成立研究小组、整体规划方案、开展体验式教师研修、借力专家指导、实验学科先行、探索教学实践、骨干教师示范引领、课改项目整合等策略，已经逐渐成为各个实验学校有效的实施策略，举例如下。

策略1：通过实验学科先行先试带动学校整体推进。校长重视，通过集体学习，全校达成深度学习理念共识，对深度学习内涵形成深入理解。选择校内的优势学科，通过学科带头人和优秀教研组的实践及示范引领，以及持续跟进的校内研修，解决学科重点问题，带动学校项目整体发展。

案例链接

北京市八一学校在组织全校培训之后，语文、化学、历史、英语学科先行实践，进行单元学习主题设计、教学实施和研讨。其中，初中英语在开展"深度学习"教学改进项目过程中，与学校原有的蓝思英语分级阅读相结合，探索中学生阅读素养的提升路径。表4-4是学校英语学科2016年上半年的深度学习活动安排。

表4-4　北京市八一学校2016年上半年英语深度学习活动安排

时间	活动内容	活动要点
3月8日	年度方案细化与学生阅读数据分析工作坊	参与实验的各班阅读进展汇报与数据分析（在线平台+期末考试）
3月15日	研究课1集体备课（宋凌云）	确定研究课的内容、研究点、课前任务单，进行集体备课
3月21日	公开课1节	泛读课的汇报（李大伟）（《常春藤》）
3月22日	研究课1实施（宋凌云）	学生学习视角的课堂观察和数据收集与反馈
3月22日	单元案例课1（刘召雪）	学生听说活动的深度学习设计
3月24日	单元案例课2（谷艳丽）	学生阅读活动的深度学习设计
3月26日	单元案例课3（刘丹）	学生读写活动的深度学习设计
3月29日	研究课1成果梳理	根据选题提供书面支架与相关文献参考，指导教学反思
4月5日	外教示范课（*Reader's theater*完整呈现，可上1个小时）	学生学习视角的课堂观察和数据收集与反馈
4月6日	研究课2集体备课（刘盟）	确定研究课的内容、研究点、课前任务单，进行集体备课

续表

时间	活动内容	活动要点
4月11日	研究课2实施（刘盟）	学生学习视角的课堂观察和数据收集与反馈
4月12日	研究课2节（刘盟、宋凌云）	区新教师的汇报课（视听说、分级阅读）；讲座、评课（曲红茹）
5月10日	研究课2成果梳理	根据选题提供书面支架与相关文献参考，指导案例教学反思
5月22日	区深度学习的研究课（李大伟）	跨学段教研展示课——口语课（主题：端午节）
5月24日	研究课3集体备课（徐美娟）	确定研究课内容、研究点、课前任务单，进行集体备课
5月31日	研究课3实施（徐美娟）	学生学习视角的课堂观察和数据收集与反馈
6月7日	研究课3成果梳理	根据选题提供书面支架与相关文献参考，指导教学反思
7月10日	阶段性交流、总结	交流、研讨

从表中的时间安排、内容安排、人员安排上，我们可以看到初中英语组老师的参与度，学习、研究、实践和改进是持续进行的，研讨的内容是层层递进的。在学科实践过程中，也要关注多学科的深度融合。例如，北京市八一学校历史学科的跨学科教学实践，在"一带一路"主题中，融合了地理、语文、政治等学科的内容，多学科老师参与研讨，引领深度学习理念向其他学科拓展。

策略2：专家对教师学习和教师课堂进行全程指导。如果在项目实施过程中遇到了难以突破的问题，须借力于项目组的专家和本区的教研员。一是通过专题研讨突破瓶颈，帮助教师们加深理解、提高教学实施的水平。专家面对面的指导，基于教师课堂教学实践的同伴讨论和完善，让深度学习的理念真正体现在一线教师的课堂上。二是通过现场教学体验突破难点。

> **案例链接**
>
> 北京市海淀区中关村中学组织校内教师基于案例开展研修。首都师范大学王云峰教授指导欧阳蕾老师上整本书阅读研究课，以"知人论世话选择"为主题，以评价标准改进学生的学习。海淀区教师进修学校的支瑶老师指导吴迎春老师上化学研究课，将化学知识与学生的实际生活相结合，通过真实的动手实验活动任务和评价，实现深度学习目标。两节公开课一文一理，在教师的实践、同伴的研讨和专家的指导中，让全校教师都有所获益。

策略3：稳定的校本研修机制保障"深度学习"教学改进项目的推进。 教师的课程育人能力是在课堂教学改进中提高的，是在研究研讨过程中提高的。深度学习的理论，不是通过一次集体培训就能够掌握的，教师需要在学习之后进行教学实践尝试，并在尝试之后进行教学反思。

> **案例链接**
>
> 北京市石油学院附属小学（简称"石油附小"）形成的"五位一体"校本研修机制，很好地推进了"深度学习"教学改进项目的进行。学校将该项目与原有的教研、科研、校本研修项目、学科课程建设进行有机融合，形成了"五位一体"的校本研修新格局，创建了具有石油附小特色的"深度学习"教学改进项目。这样的顶层设计为教师减轻了压力，营造了宽松的环境和氛围，有利于项目的顺利推进。在石油附小，每个学科都有固定的研究研讨时间：语文学科是每周二下

午；数学学科是每周四下午；英语学科是每周三下午；其他学科是周一至周五前两节课，每周一次。这样的机制保障了学科教师的全员参与、全程参与。

深度学习要求教师必须提高学科课程育人能力，提升教师课程育人能力的主要场域在学校、在学科课堂。区域教育行政部门和教研部门要凝聚力量，在整体规划的基础上，转方向、抓重点，创新教研机制，整合各类资源系统推进；立项目，解难题，建好教研团队，通过先行先试，形成深度学习区域实践策略，用一个项目带动一个区域的教学改革。

二、学校如何保障和推进深度学习

2013年，"深度学习"教学改进项目启动。2014年9月，来自北京、重庆、山东和广州、成都、深圳等地区实验区的20余所学校成为项目的首批实验学校。随着教育教学改革的不断深入和学校内涵发展的不断深化，越来越多的地区和学校开始关注深度学习。

在"深度学习"教学改进项目推进约一年后进行阶段性工作交流时，从一些实验学校提出的项目实施计划、教学设计方案和具体的教学案例中，既能看到学校进行教育教学改革的热情，也能看到在"深度学习"教学改进项目推进的过程中出现的一些问题。一是教师对已有的教育教学方式和教学行为熟悉又习惯，对深度学习给教学带来的挑战表现出畏难情绪，甚至有些抵触，使深度学习的理念很难被真正接受并落实；二是部分学校对"深度学习"教学改进项目推进的路径、策略等存在困惑，对深度学习未来能走多远、发展到什么程度感到茫然。

反思多年来学校的各种改革，出现上述现象也不足为奇。很多学校都非常努力地进行教育教学改革，但往往是三五年后，这种改革迹象就消失了。在一个地区，常常有一批学校轰轰烈烈地追随着某项改革或某种教学模式进行实验，几年以后追随者不断减少，真正发生变化的学校更是少之又少。为什么会有这种现象？如何在学校层面推进教育教学改革、推进深度学习？如何让变革能持续长久并取得成效？这些都是值得思考的问题。

下文中多是以北京市海淀区教师进修学校附属实验学校（简称"海淀进修实验学校"）作为案例，分析学校如何保障和推进"深度学习"教学改进项目。该校于2014年9月成为"深度学习"教学改进项目实验学校。

（一）聚焦学生学习，系统思考教学改进

任何教育改革或教学改进之初，都需要首先对学校当下正在进行和已经进行的教育教学实践及改革进行梳理并反思：所有改革彼此之间的联系是怎样的，所追求的价值和结果是否一致，如何以确凿的证据来评价所有工作的成果，未来能走多远，等等。诸如此类问题的思考在较长的时间内能对教育教学改进形成良性循环，对调动教师参与改革的热情、促进学校的持续发展等至关重要。所以，推进"深度学习"教学改进项目需要系统思考学校的内在需求、教师队伍状况、资源支持情况和制度保障等。

1. 以"整体和整合"为原则推进深度学习

学校是个整体。这似乎不是问题，但很多改革难以进行下去，或难以取得显著的成效，往往缘于缺乏纵向、横向不同维度的整体性思考。任何教育教学改革都需要一个由理念及核心要素等构成的"框架"，这个框架可能是问题的源泉，但也可能是学校发展的增长点。是把这个框架简单地叠加进学校，还是镶嵌进去？它与学校已有的林林总

总教育教学改革及常态工作的价值追求是否一致？话语体系如何对接？等等。这些都需要厘清。

基于学校的使命和价值追求，把握"深度学习"教学改进项目与学校各项工作的内在联系是首要问题。深度学习与学校已有的教师培训、校本研修、课程改革实施等方面是密切相关，还是相对独立？如何开展教学改进才不会造成教师过重的负担并提高原有工作的质量和效率？以怎样的形式开展教学改进才能保证深度学习的效果？对这些问题的思考有助于将深度学习的理念变成学校师生的集体追求。

案例链接

下面以海淀进修实验学校为例，谈一下推进"深度学习"教学改进项目的思路。（见图4-4）

让学校成为整体

确立理念及概念体系—建设教研氛围—成就教师发展—学生面向未来

现在
我们的出发点
（由教到学的转变）

"深度学习"教学改进项目，不是外在的附加活动，而是融入学校整体发展的内在需求。

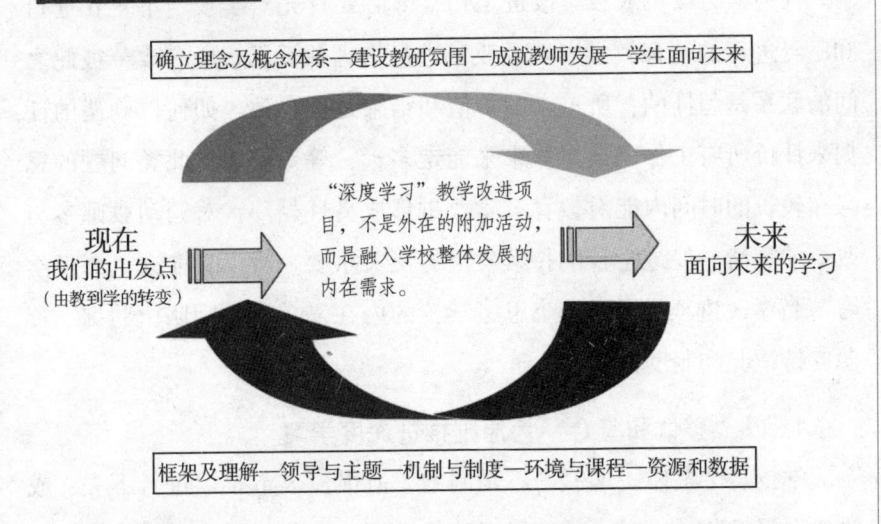

未来
面向未来的学习

框架及理解—领导与主题—机制与制度—环境与课程—资源和数据

图4-4 规划校本研修和推进"深度学习"教学改进项目的思路

在推进"深度学习"教学改进项目之前，学校曾进行"概念为本的教学""逆向教学设计"等教学改进的实践，也有关注学生学习"思维可视化"等主题的校本教研活动。推进深度学习是促进老问题的解决还是要解决新的教育教学问题？经过反思以往和当下正在进行的教育教学改革，学校认为："关注教多于关注学"是课堂教学中存在但又解决得不尽如人意的主要问题，"从教到学"的转变是"深度学习"教学改进项目与近年来教育教学改革的重要对接点。

尽管在课堂教学实践中一直强调学生学习的主体性、个性化，但在激发学生个体的知识建构、能力发展方面一直很难有突破；而面向未来的人才需求在开发学生个体潜能、提高学生终身学习能力等方面又给学校提出了更高的要求，难以解决的老问题和面向未来教育的新问题交织在一起。深度学习恰恰是既体现先进的教育理念和主张，又蕴含面向未来教育的思维工具。深度学习的框架鼓励并支持学校和教师探讨教育教学规律，尤其是学生学习规律，支持并帮助教师从"传授知识"走向"创造知识"，是对接且融合以往的教学研究并发展人才培养方式的一个系统性项目。将深度学习纳入学校发展的整体，是学校走向一个新的发展阶段的选择。当"知识从目的变成手段"时，深刻理解学科知识体系和本质，设计引导并促进学生学习、发展思维和能力的学习活动，才更能体现教师的专业能力。重新思考教与学的关系，从教到学的转变，意味着弱化教的活动与学的活动的分离，使二者越发融为一体。

整体推进，是指软件和硬件结合、内涵和外延同步。海淀进修实验学校在推进"深度学习"教学改进项目的过程中，改进的不仅是个别学科和课堂，同时涵盖了学校的所有领域。具体从以下几个方面说明。

(1) 鼓励各学科各学段自主推进。"深度学习"教学改进项目在推进的过程中,鼓励教师团队本着对深度学习的理解自主前行。其中既有中、高考科目,也有艺术和信息技术等非中、高考科目;既有非毕业年级,也有初三、高三等毕业年级。

(2) 从课程视角看学习空间。以学生自主学习为着眼点的教学空间的改变,支持和保障了"深度学习"教学改进项目的推进。本着"围绕课程发展规划学习空间"的原则进行学校学习环境改造。打破传统的思维定式,将原有的部分标准教室打通,变成可分、可合、可伸缩的学习空间,将教师指导下的班级式学习与个体、团队的探索性学习相结合,支持学生的个性化学习,营造群学与独处相结合的学习功能区域;对艺术、体育等特色重点项目的改造,将教育意图、学校愿景和培养目标贯穿于设计施工的全过程。通过创设这种更为个性化的学习环境,满足不同主题、不同情境乃至跨学科学习的需求。

(3) 从课程视角看学科组建设,改变对学科组的评价方式。将对学科组的评价从关注学科学业成绩和骨干教师的突出作用,转化为更多关注学科组基于深度学习的课程建设和骨干教师带领团队对"深度学习"教学改进项目推进的评价。

(4) 创新制度建设。有什么样的制度往往就有什么样的教学组织形式和教育教学工作团队。单元设计意味着课程建设,靠教师的"单打独斗"很难完成,需要同伴互助、团队协作。所以,设计有主题的参与式校本研修活动、改进对学生学业的检测和评价、改进和教学相关的管理模式等需要同步推进,制度建设贯穿于"深度学习"教学改进项目的全过程。

在"深度学习"教学改进项目推进过程中,学校不断厘清教育教学改进的方向和策略——面向未来,系统变革。

2. 从校本研修视角系统规划"深度学习"教学改进项目的实施

以学校的教育教学实践（课堂）为阵地、以教师为主体、以解决教育教学中存在的问题为目的的校本研修，是当今促进教师专业发展和提升学校品质的重要方式，也是发展学校文化和开展教师教育的重要手段。

以海淀进修实验学校为例，"深度学习"教学改进项目的推进过程，也是学校校本研修主题的确定、教学方案的撰写、研修效果的评价等不断改进的过程。

（1）改进常态备课要求。

要根据深度学习的框架改进教学方案设计和撰写的模板。不过，尽管学校提出整体推进的思想，但考虑到教师跟进的愿望和能力不同，在开始阶段教学方案设计和模板撰写可以实施"双轨制"——既可以用原来的通用模板，也可以用深度学习单元设计的模板。这样可以避免学科组因准备不足而造成教学混乱，也避免因强势推进而给教师造成负担。

（2）改善教研会议结构。

教师教学研究是校本教研的重要形式，也是教师发展的重要内容和重要途径，应当着重于人的成长。在其深层意义上说，教学研讨应当成为教师的一种职业生存方式。[1] 所以，教学研讨的形式和内容直接影响着项目推进、学生学习和教师发展。学校将以往教研会议结构"有主题、有任务、有主讲人、有记录"调整为"有主题、有问题、有资源、有意见建议、有成果和记录系统"，且改进对学科组教研活动的评估方案。

案例链接

图4-5呈现的是初二年级语文学科组的一个单元设计教研过程。这里记录了围绕学习主题确定集中讨论的4个问题；呈现了"对谁

---

[1] 熊焰. 校本教师专业发展研修手册［M］. 天津：天津教育出版社，2012：37.

讲—为何讲—讲什么—怎么讲"这一设计线索,讲述了如何从围绕教材内容展开讨论向围绕学习主题展开讨论的转变;记录了教研的起点、过程和结果;记录了所借助的资源、得到的帮助和支持。会议结构的改变同深度学习框架的思想是一致的,关注的重点是研讨过程和教研成果产生的路径。

"精彩演讲"
单元设计教学研讨

教材"精彩演讲"单元的5篇演讲词:
《悼念玛丽·居里》
《在莫泊桑葬礼上的演说》
《在萧红墓前的五分钟讲演》
《在联邦德国海姆市市长接见仪式上的答词》
《北京申奥陈述发言两篇》

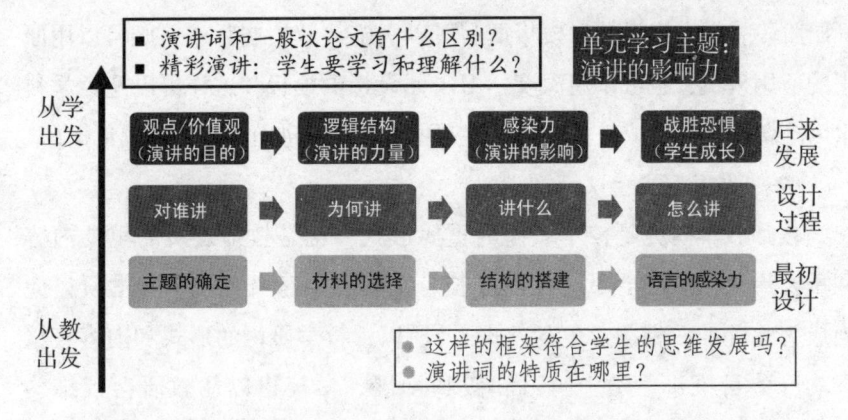

- 演讲词和一般议论文有什么区别?
- 精彩演讲:学生要学习和理解什么?

单元学习主题:
演讲的影响力

从学出发

观点/价值观(演讲的目的)	→	逻辑结构(演讲的力量)	→	感染力(演讲的影响)	→	战胜恐惧(学生成长)	后来发展
对谁讲	→	为何讲	→	讲什么	→	怎么讲	设计过程
主题的确定	→	材料的选择	→	结构的搭建	→	语言的感染力	最初设计

从教出发

- 这样的框架符合学生的思维发展吗?
- 演讲词的特质在哪里?

图 4-5 海淀进修实验学校初二年级语文学科组教研活动过程记录

(3) 改进教研成果呈现方式。

很多学校会经常开展公开课、研究课活动。不可否认,公开课、研究课等是很有意义的教研形式和校本研修的平台,但它的关注点往往聚焦于"上课",而课后交流研讨很难保证高质量。这是一种资源流失,也窄化了教学研究的价值和教师发展的空间。所以,既要保留这样的教研活动,也需对校本教研进行改进。一是教研活动的关注点

"前移"，注重教学实施前单元设计的研讨；二是以团队为单位，明确分工合作，通过论坛等形式进行成果交流和分享；三是研修成果成品化，需形成完整的单元设计方案即课程方案（要具体到课程的目标检测、活动设计等方面，还要包括实施中需要的且剪辑好的音频或视频资源等）；四是有研修记录。最后呈现的是一个较完整的课程及课程建设的过程——不断完善和优化单元设计方案的过程即课程建设过程。课程建设过程要体现同伴相互学习、共同分担责任、共同分享成果，这样有利于"唤醒教师的内在发展需要，促进教研文化建设与教师发展之间的相互滋养和互动共生的良性运作"[①]。

（4）学科先行、典型引路式的推进策略。

学校在"深度学习"教学改进项目实施之初，确定了"整体推进、学科先行、典型引路"的推进思路。学校需要有这样的自信：我们的教育不是从零开始。任何教育教学改革都不是简单的后者否定前者。深度学习意味着从教到学的转变，从章节教学设计到基于主题的单元设计的转变，从教材内容决定教学进度到依据课程标准系统规划学习目标、学习活动及学习结果的转变，从关注内容的完成到关注学生学习的发生的转变……这对学校的课程建设、对教师如何使用教学材料达成目标的挑战是巨大的。

所以，一方面要允许教师因习惯和能力的局限一时跟不上，乃至一时怀疑其教育教学的效果；另一方面，也要在部分先行学科中，评估学生的学习效果。在"深度学习"教学改进项目开始实施阶段，面对问题并解决问题，发现典型总结经验，通过引领者给更多教师以信心，为教师提供相关而及时的改进教学的信息，都是非常必要的。

（二）深度学习与教师专业发展相结合

任何教学改革或改进，没有教师的积极主动参与是无法取得成效

---

① 熊焰. 校本教师专业发展研修手册［M］. 天津：天津教育出版社，2012：37.

的。对教师而言，学生积极主动的学习态度、学生品德发展和预期的学生高水平的学业成绩，是对教师的最大奖赏，也是教师参与改革的动力所在。深度学习的意义恰恰在于，重新认识学生学习的意义，重新认识教学内容，重新认识教师价值。在信息时代，教师帮助学生学得迅捷、愉快、彻底，启发学生在学习过程中质疑、批判、深入思考，是教师作为教师存在的最根本的理由和价值，也是教师不能被虚拟技术所替代的根本。① 所以，使教师认识并理解深度学习的价值和意义，对教师认同改革、参与教学改进至关重要。

在现实的教学实践中，"满堂灌""以考代练"和"以考代学"的课堂可谓司空见惯，也不乏体现改革的新的教学方式的课堂，但教学效果并不理想。原因很复杂，除了很难摆脱传统的教学方式外，还有一个重要原因是：简单的"拿来主义"——对当前倡导的、新的教学方式拿来就用，缺乏思考和理解，出现很多貌似改革却不真实的课堂。教学改革或改进，若不能解决教学实践中的这些现实问题，不能在学校层面有实质性的变化，改革就很难走下去。聚焦和解决课堂实践的真实问题，是"深度学习"教学改进项目的出发点。从适应个人终身发展和社会发展所需要的核心素养来反思我们的课堂教学实践，有很多值得探讨的问题。

1. 面对教育教学实践中的真问题

（1）"提高课堂效率"的内涵问题。教学中关注进度、注重结论，总是感叹时间不够用，教材和试卷（题目）成为效率追逐的目标；拉长教学时间、"满堂灌"、重复练习、偏难题成为达成目标的重要手段。

（2）"改变教学方式"的内涵问题。改变教学方式意味着人才培养模式的转变，但教师实践中曾经一度把教学方式异化为追求效率的手段。"满堂灌"变成"满堂问"；先学后教异化为先完成"学案"再由教师讲解答疑；小组讨论成为公开课的点缀；课堂教学以事实为基

---

① 郭华. 深度学习及其意义 [J]. 课程·教材·教法, 2016（11）：32.

础的问答等仍然是普遍的教学范式。

（3）"教师主导地位"的内涵问题。教师很多时候还在扮演知识的拥有者的角色，并占有课堂的学习过程和理解过程，这表现为教师更多讲解的是自己的理解，学生在教师的讲解中寻找答案。在这样的课堂中学生不仅被动接受知识，还被动接受经教师"加工"过的观点和主张。学生的主体地位很难体现。

（4）"小组合作学习"的内涵问题。小组合作学习作为一种学习方式，也常被作为一种教学形式成为课堂教学的点缀，综合立体的合作学习常常沦为共同寻找答案的活动。教学通过合作学习实现了怎样的概念转换，培养了什么重要的观念和技能，很难清晰地表达出来。"合作学习"中，有些教师缺乏对学习任务的研究而随意分组，更谈不上分工合作、有效沟通和交流分享，造成时间和学习资源的浪费。

上述问题有来自社会的、外在的一些"压力"的原因，也有来自学校内部对教育理解的偏差的原因，需要对行动进行反思，因为其中很多问题源于我们日常工作中存在的误区：把教材当成了课程、把教学当成了学习、把学生当成了专家、把成绩当成了成果、把进度当成了任务……在这样的误区中前行，是对教育本真、教师角色和未来人才的误读，忽视了对教学领域诸如学生认知特点、学科本质、教学规律等方面的深入研究和探索。学生作为有个性、独立的个体得不到应有的尊重，课堂教学和生活实践及真实的问题情境脱节。学生独立思考和以思维为基础的对话的缺失，会影响学生的质疑、反思及判断力，乃至影响学生价值观和品格的形成。

深度学习关于教什么、学什么、怎么教、怎么评等的论述，恰是在回应并解决上述存在的问题。深度学习关于联想与结构、活动与体验、本质与变式、迁移与应用、价值与评价等特征的实现过程，意味着问题的解决过程。深度学习意味着创设面向未来的学校教育。

2. 寻找教师发展的突破口和路径

要在"从教到学"的转变中寻找突破口。教师在基于课程建设及课堂教学实践中，在参与式、体验式校本研修过程中，通过体验、分享、交流和反思不断发展自己的专业能力和素养。

以海淀进修实验学校为例，在推进"深度学习"教学改进项目之初，学校以"学以致用，面向未来"为校本研修主题，引导教师在实践中学习深度学习教学改进框架体系，使教师熟悉、理解其理念及各要素的内涵。随着教学改进的深入推进，教师能够设计具备深度学习框架各要素的教学方案。然而，在课堂教学具体实施过程中，教师仍是习惯从教材内容视角而不是学生学习的视角组织教学。对设计方案和具体实施"两张皮"现象的一次次研讨和分析发现，问题出在对深度学习框架各要素内涵及对学生学习并未真正理解上面。学习目标和对学习的评价不一致，尤其是"为什么要寻找确立学习主题，以及如何使主题在课程组织中发挥作用"成为最大的障碍和挑战。

跨越障碍的关键是对学生学习的认识。教师往往擅长通过测试检验学生对知识的理解程度，但学生是怎么学会的、是如何学习概念并实现概念转换的却很难说清楚。在从理念到行为、从行为到结果的不断审视和反思中，"围绕学习主题组织课程和学习目标、活动、结果的一致性问题"成为解决问题的关键。以"从完成教学内容到关注学生学会再到关注学生是怎么学会的"为线索讨论问题，不断探讨"影响学习结果的主要因素是学生不会什么，还是学生已知的知识和内容"。

基于上述问题和线索，"深度学习，从认识学生开始"成为海淀进修实验学校进一步推进"深度学习"教学改进项目中新的校本研修主题，引导教师认识并运用深度学习理念和框架工具实现由教到学的转变。这一校本研修主题下面设有"从关注学生学习到认识学生学习""学生个性化学习与课程准备""穿越学科边界的课程建设"等子主题。各学科组每个学期至少完成一个主题单元的课程建设，随后扩展至整个学科基于主题进行单元课程建设，最后基于主题进行跨学科单元课程建设。

案例链接

在"深度学习，从认识学生开始"的主题论坛上，高中生物学科组展示了他们在"细胞代谢"单元所设计的作业（也是主要的学习活动）——"实验报告手册"："假如你是一位农业学家，请你为北方的农民设计一个温室大棚，通过控制温室大棚的条件，产出高品质的葡萄，并解释其中的科学原理。"教师在论坛上谈到了如何围绕学习主题将学生的知识、经验和观念作为学习资源，如何将教师的真探究转变为学生的真探究，学生在探究的过程中如何拓展了知识和知识间的联系，如何记录学生在失败中的学习和成长，等等。（见图4-6）

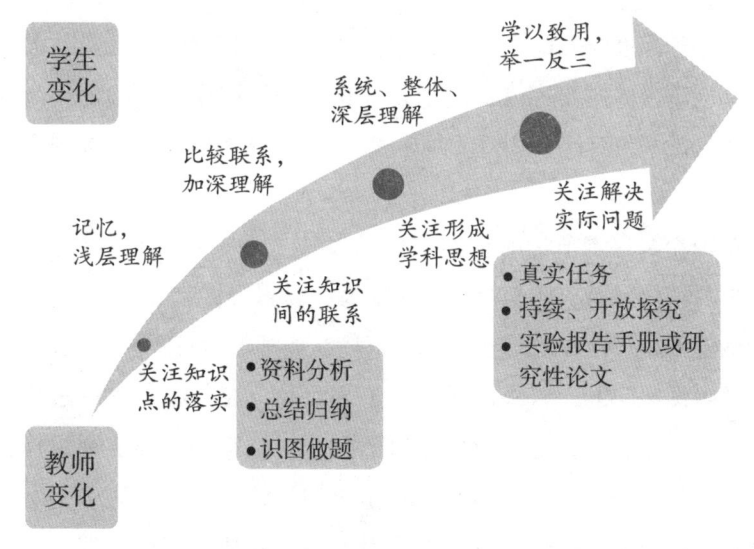

图4-6 海淀进修实验学校高中生物学科组教师在论坛上的发言摘要

那么，对同一个单元不同的学习主题，如何确定学习走向并丰富学习内涵？下面是初一年级生物学科的一个例子。

> **案例链接**
>
> 初一年级生物教材有一个单元为"细菌和真菌"。最初一轮教学时，教师们确定的单元学习主题是"腐烂现象"；在新的一轮单元设计时，教师把这个单元学习主题确定为"堆肥桶中发生了什么？"。学科核心概念没有改变，两个单元学习主题也都很能激发学生的学习兴趣，但教师谈到所设计主题的最大不同是："堆肥桶中发生了什么？"这一单元学习主题更有利于学生在把生物学概念与生活相联系的同时，在垃圾分类处理和废物再利用等方面身体力行，从而有利于提升学生的社会责任感。这说明单元学习主题不同，教学目标就会发生变化。

在基于深度学习的教学设计中，教师将教学设计的视角从教材内容转移到学生的学习和发展之上。在这样的转变中，教师的主导作用在系统的教学设计中提升了品质，教学方式更为互动，也展现了共同学习的师生关系。

教师在撰写章节课时教案到撰写基于主题的单元设计的过程中，发现教材从学习对象或学习任务转变为"学习资料"。教师所设计的学习活动越来越多地反映真实的学习情境，教师通过开展学习活动观察、评价学生发现问题、解决问题的方法和路径，在持续的学习过程评价中完成教学目标。教材和学生已有的知识、经验都成为实现目标的脚手架，教师在处理学生认知水平和学科知识结构间的矛盾中不断提升自己对学科知识的梳理和理解水平及能力，并从课程视角理解学生的学习，进而不断提升自己的课程建设能力及课程领导力。

（三）助力先行学科与建设良好生态并行

曾经进行的很多教育教学改革或改进中不乏先进的理念，有时能取得成就，有时也难以持续下去。学校改革不成功是多种原因造成的，除缺乏对改革过程的理解等因素外，如何面对来自学校集体的行为惯性、如何处理改革过程中的阻力至关重要。所以，在推进"深度学习"教学改进项目时，需要从局部到整体循序渐进，以勇于积极改进的学科组为"种子团队"。伴随能力的不断提升，"种子团队"成为教学改进的引领者、培训者，形成教育教学改进的集体责任感，促进学校整体在常态的教学实践中以新的方式工作，从而实现教育教学改进的目标。

1. 减少灌输式报告，增加体验式培训

教师的学习和培训活动中，报告和讲座是必要的。尤其是推进"深度学习"教学改进项目之初，明确学校主张和目标，介绍"深度学习"教学改进项目的整体框架，分析其与学校整体工作的关系等，"报告式"的说明或许是高效率的。但成人学习更多是经验性的，教师很难把几个小时的报告"听"进去，更难把听报告和讲座时的兴奋直接转化为教学行为。因此，说教和体验式学习要结合，增加参与式、体验式培训。

学校的主张、价值取向和围绕核心理念的话语体系等，直接影响学校的文化和学校的教育生态。同时，学校的教研文化，除了有清晰的价值取向之外，还要有和概念相关的话语体系、人物和符号等。发现及总结体现教育价值主张的课例、人物、学科组，并再现他们的学习和实践过程，鼓励先行者分享他们的教育教学体验及引导全体教师的实践，对促进良好教研生态的形成有重要的意义，且有助于使先行者成为引领者和培训者。

2. 减少说教和评价，增加交流和研讨

在深度学习推进的过程中，先行学科的教师往往面临的困难和挑战更多。他们缺少可借鉴的经验，尤其是深度学习框架下基于主题的单元设计很少有案例可以参考，需要教师自主摸索。所以，对先行学科教师的实践不要急于评价，而要多给予支持——时间支持、经费支持、资源保证，特别是专业支持。

专业支持，要依靠来自基础教育领域的学科专家和高校的教育教学及管理专家。支持的重点在于帮助教师准确理解深度学习框架下核心概念的内涵和外延，协助教师分析其实践经验的获得路径，就如同课堂教学中明晰学生是怎么获得概念的一样，要与教师一起研讨教学实践的路径及思维工具等。专家支持，不是代替和说教，也不是简单的评价，而是专家同教师围绕一个主题辨析核心概念，在共同交流研讨中分享丰富的专业知识、独立思考的视角和具体的建议与意见。

3. 减少约束与问责，建设学习共同体

校本研修制度一定要有利于保障和引导教师持续深入地开展教育教学研究。对于体验式学习和培训，要注重交流研讨的教研文化建设，要减少教研制度在时间、空间上的刚性要求，多以任务和标准的形式呈现制度内容，但对研修结果的要求可以是刚性的。比如，利用论坛等开放的交流分享方式，发布团队（学科组）的教学或课程建设计划及成果、计划达成度的分析报告与面临的问题和解决问题的策略等；将团队研修的思维路径和经验成果的获得过程可视化。而分享的过程即反思和评价的过程。

"深度学习"教学改进项目的推进过程历经了四个阶段。

（1）理论学习阶段。梳理学校的教育改革及教学改进项目，以"为了学习"和"课程建设"为重点学习内容；对比理解"教"和"学"，关注"学"（学习活动），强调"进步"（学到什么）及"对学习进步的检查和评价"的联系，尤其关注"如何知道学生是怎么学会的"；理解并能说明国家课程标准、教学目标和学习目标的联系与不同。理论学习的目的是理解什么是深度学习、深度学习的要素构成及特征等，为深度学习的推进做准备。

（2）分析模仿阶段。对已有的教学设计方案按深度学习框架进行改写，并按相应的标准去检测，不失为一种好的方法。在改写中对比不同的教学理念、教学方式和方法，学习并理解深度学习框架各要素的内涵和意义。

（3）实践推进阶段。将深度学习作为引导教师认识学生学习的思维工具和制订教学方案的工具，并付诸教学实践。"确定单元学习主题"的方法和路径是这个阶段的重点和难点。这需要教师团队共同探讨：哪些问题的提出可以使以内容集合的教材单元题目变成单元学习主题？如何依据单元学习主题整合教材内容、组织课程？同时，教师在依据各要素的设计思路、操作要点和检验提示进行单元设计时，借助相应的反思工具，以便更准确地理解和实践深度学习，是非常必要的。例如，以"澄清—评价—质疑—建议"为工具，在交流研讨中，呈现自己模糊不清的概念或理解，找出单元设计中的特色和亮点，提出表达和理解不准确的内容或环节，并对单元设计提出改进建议。完成并不断改进单元设计的过程实际也是教师进行参与式培训的过程。

（4）典型引领示范阶段。对典型课例进行学习和分析，不断明确课程建设的方向。

（四）基于课程建设的校本研修和学校发展

1. 课程建设有利于激发教师专业发展的动力

课程，是体现学校文化和学校特色的重要标志。"深度学习"教学改进项目的推进过程，也是学校课程建设的过程，在这个过程中不断提升学校的文化品质，促进教师专业发展。

目前的教师培训或校本研修，以提高教师课堂教学能力为目的的技术训练占有很大比重，教师多是关心如课堂引入、提问策略、合作分组学习的"招数"，一旦教师退休或离开现有的岗位，这些技能或招数也就随之而去，很难形成"产品"。而围绕主题进行的课程建设，既包括教学环节中的策略和技术，也包括主题明确、目标清晰、形式丰富的学习活动和评价内容指标有层级的课程及课程形成过程。这是一个"产品"的形成过程，会使教师学习有成就感，增强教师学习的激情和动力。对教师而言，课程建设过程是自我超越的过程，这个过程也会使教师与学校同步发展。

　　课程建设需循序渐进。着眼于课程建设的课例不能急于求成，可以从不完整的课程如"基于主题的活动资源包"开始，逐步走向基于主题的学科课程和基于主题的跨学科课程建设。

　　以海淀进修实验学校为例，下面呈现的是在"深度学习"教学改进项目推进之初学校对校本研修活动的评价。评价表体现的不仅是制度、要求，从某种意义上说它也是工具。评价表中有学科组研讨的会议结构，也有对课程建设的思考和开展参与式、体验式校本研修的思路。（见表4-5）

案例链接

表4-5　海淀进修实验学校教研活动（校本研修）评价表

成果	**完成一个经过集体研讨并可操作的单元设计** ☐研讨成果包括：单元设计文本、课例剪辑和体现研究过程的教研记录 ☐每次研讨后的单元设计稿要注明日期 ☐所有单元设计稿放在一个单独的文件夹中并进行命名，如"数学学科单元教学设计" ☐文件夹中须包括教学设计及实施方案、评估标准、上课材料（演示文稿、视频等）
作为培训者	**完成一个45分钟的单元视频剪辑** ☐视频剪辑要能展现整个单元的教学过程 ☐视频剪辑要能说清对深度学习中主题、目标、活动和反馈评价的理解 ☐视频剪辑要过渡自然，有必要的字幕说明 ☐视频剪辑的时间不超过45分钟 ☐可以参考语文学科《有爱，有风采》的视频剪辑样式 ☐给视频剪辑文件命名，如"××学科××单元课例"

	续表
研修过程	集齐教研会议的研讨记录和照片 □会议记录要主题明确 □会议记录要能够展示讨论中出现的问题和观点 □会议记录照片要注明会议日期，如"20141115" □所有照片放在一个单独的文件夹中 □给文件夹命名，如"××学科××主题会议记录"

2. 根据学校实际建设不同类型的课程（课例）

学习领域不同，课程（课例）类型也不同。基于主题的综合教育实践活动和单一学科的课例结构是不一样的；教师和学科组的课程建设能力有差异，所形成的课例在完整性和质量方面也是有差异的。

以海淀进修实验学校为例，截至 2016 年，学校已经形成了涵盖所有学科的 50 多个课例。除学科课程外，还设计了如"打开我的降落伞——初中入学教育课程""话剧——戏剧教育课程""博物馆""雾霾""能量""货币密码"等跨学科、跨学段课程。具体有三种课例类型。

（1）基于主题的学习活动资源包。

例如，"香味分子的测定"这是高二年级有机化学某个单元的一个学习活动，这个活动设计有教师讲解、自主探究、合作探究等学习方式，每一种学习方式和每一个学习阶段都有评价内容和指标。这样的学科活动设计，将原来碎片化、受限于时间、很难突破难点的课堂变得更具有整体性和挑战性。学生面临的是复杂任务，在陌生的情境中经历复杂的、联系的思维过程，进而解决问题、提出问题，再到发现新问题。

又如，初二年级的一个学习活动——"自定主题进行一次精彩演讲"，学习主题是"演讲的影响力"。原本这一单元教材内容有《悼念玛丽·居里》等 5 篇演讲词。对这个学习活动，从观点、价值、逻辑结构、感染力、战胜恐惧五个方面设计了评价标准。

深度学习框架下的教学活动（学习活动）是围绕主题设计的，包含教学目标的指向、蕴含实际的生活场景以及对学生学习的展开、发展和结果的评价活动。尽管上面两个活动设计还不是完整的课程，但在课程建设的初始阶段，从活动设计入手是很好的切入点。

（2）基于主题设计的学科课程。

例如，体育学科设计了关于足球的 9 个学时的课程。将运动体验、健身行为、锻炼习惯、体育知识技能和动作方法、人际交往、环境适应、心理调节等都作为教学目标的考量范畴，并依托信息技术将与技能技巧相关的内容做成小程序，让学生可以自我检测，充分体现了个性化学习。

（3）基于主题设计的跨学科课程。

例如，供初三年级后期学习的以"能量"为主题的 18 个学时的课程。其主要目标是："学生将理解能量的来源，体会到能量对于人类生存和发展的作用；学生将理解运用守恒的思想能有效地控制能量或者转换能量；学生将理解从特殊到一般再到特殊的能源开发过程和方法；学生将理解能量对生产力和生产关系的影响。"该单元的主要学习活动有："荒岛求生""为自己制订食谱""篮球下落实验""水果电池实验""光合作用实验""酒精的分离与提纯""能量多米诺和能量发展与环境报告"等。从这个课程可以看出，虽然以"能量"为主题，但它已经跨学科了。"整体和综合是课程框架构建的新趋势。所谓整体是要打破原有的分学段设计，将各学段打通进行整体设计，以加强学段间的紧密联系；而综合则是学科与学科之间的融合，以往的课程框架多为分科教学，而现实中用单一的任何一个学科来认识世界是不可能的，用单一的任何一个学科来进行创新也是不可能的，因而构建综合课程框架，进行跨学科课程与教学是至关重要的。"[①]

[①] 陶西平. 21 世纪课程议程：背景、内涵与策略 [J]. 比较教育研究，2016（2）：4.

跨学科、跨学段的课程更接近实际生活场景和复杂任务，教师须充分和不失时机地拓展学生的学习资源和学习空间，把具体的学科教学内容同丰富多彩的生活紧密联系起来，让学生深切感受到学科学习的无穷奥妙，并在综合性课程体验中解决问题，更重要的是发现问题。深度学习聚焦主题的单元性课程架构恰恰体现了这样一种课程思想。

深度学习只有在课堂教学中真正实践才有价值。进行教学改进需要依托教师同期进行的教育教学活动的开展，课堂教学改进是深度学习的出发点，而课程建设是它的归宿，创新人才培养模式则是深度学习的目的所在。

3. 深度学习与学校合作文化水平的提升

深度学习框架下的课程建设针对的是微观与宏观相结合的教学，是强调从目标到结果要一致的系统性教学，是聚焦学生学习和学生成长的整体性教学。教师个人很难高质量地完成这样的教学设计，所以，深度学习的推进意味着学校教科研的改进和创新。

（1）以全员参与为基础的管理模式有利于"深度学习"教学改进项目的实施。

深度学习的框架是开放的，也是严谨的。学习主题、学习目标、学习活动和持续性评价都有特定的内涵。"深度学习"教学改进项目实施的前提是改进教师的教学实践。需要教师对课程要素、教育技术、教学方式等问题的理解进行细致的讨论，需要围绕目标和检测标准以确凿的证据说明教学是如何改进的。如果没有一致的标准和各自相关的优势与不足的信息，很可能使帮助学生实现深度学习的讨论或校本研修沦为缺少明确指向或技术含量的一些"想法"的分享，这将是校本研修最大的误区和浪费。只有通过全员参与的校本研修，通过共同的话语体系、清晰的概念、明确的评价标准，边学边做，各种讨论才不会误读观念、观点和策略，才不会偏离主题。如谈到教学环境，深度学习框架或系统采取的是"学习者中心、知识中心和评价中心"为一体的教学共同体环境,学校全员需要在这样的系统中对话。改变对话用语对团队和组织文化及日常工作中的人们将产生重要的影响。

(2) 更广泛的联系与合作可以不断丰富教师课程建设的资源。

在今天这样一个信息丰富的时代,学生或自主或不自觉地在课堂外、学校外不断地学习。学校有一种浪费就是不能让学生把在校外学习的东西运用到课堂上,也不能充分地让他们将课堂学习的东西运用到实际生活之中。而深度学习恰恰是要教师承认并利用学生的观点、观念和已有的知识,乃至将其作为学习的资源。所以,基于深度学习的课程建设必将拓展教师合作的范围,不仅是同行间的合作,也包括与学生的合作,乃至与家长的合作。

结语

深度学习,在改进课堂教学过程中,对学校的整体发展有着深远的意义。

推进了校长及领导团队领导力的发展。"深度学习"教学改进项目,在课堂教学改进和课程建设同步、教师个体改变和环境改造同步的过程中,提升了校长和领导团队系统思考、规划学校发展的能力,使他们从一直专注于教师业绩(学生学业成绩)的评估、骨干教师的培养选拔,转化为对教师教研过程和教研成果表达的规划设计及团队的培养和举荐,以同伴互相学习为教育教学改进的最大驱动力,提升了他们助推学校向专业学习共同体转变的制度建设能力。在推进深度学习的实践中学习和发展团队的领导力,获得理念的洞察,才能使学校走得更远。

发展了学校的评价文化。教学实践中,问题的提出、重点的确立和难点的突破一直是课堂教学评价的主要内容,学生学业成绩是教师业绩的主要指标。而"深度学习"教学改进项目的实施,学习主题的确立、对所设计的学习活动的评价及教学过程的持续性评价,成为教学评价的重点。教学过程的关注重点由"学生不会什么"转化为"学

生已知什么"，围绕学习主题，在对已有知识的重构过程中实现概念的转变，成为"好课"的重要实现方式。学科组的课程建设情况和学生学业成绩一样，成为教师业绩的重要指标；"为学习的评价而不只是对学习的评价"，成为由教到学转变的方法、策略及重要标志。

提升了学校课程的系统化设计水平。基于主题的单元设计，使教师跳出对一节一节课的思考，乃至跳出单元，从课程的角度看课堂教学，从学生发展的视角寻找教学的切入点，这样既能引导教师向学科专家发展，又能使学生的视野更开阔，思维更深刻。基于主题的课程组织形式，也使学科之间的融合成为可能，教师开始建设跨学科的课程，学校课程的架构走向整体，从课程的角度设计学校的学习空间，使学校的每一个空间都充满生长的力量。

深度学习意味着面向未来的教育，深度学习的理念与学校的整体发展和学校文化建设须融为一体。把深度学习纳入学校发展的整体框架，将会使学校走向一个崭新的发展阶段。

后　记

"深度学习"教学改进项目的阶段性研究成果之一《深度学习：走向核心素养（理论普及读本）》终于出版了。这是项目组各位专家，参加实验的广大教研员、校长和教师，共同努力、智慧奉献的结果。

特别感谢项目综合组的各位专家。4 年前，在"深度学习"教学改进项目设立之初，项目综合组的各位专家就开展了国际比较研究，并在此基础上进行了本土化创新，最终形成了深度学习基本理论框架和实验模型，为在各个实验区开展实验研究提供了理论支撑和实践指导。4 年来，项目综合组先后召开研讨会议 40 余次。在研究过程中，北京师范大学郭华教授和郑葳副教授主持了深度学习理论框架的研究工作；北京市西城区教育研修学院原院长齐渝华老师和北京市海淀区教师进修学校校长罗滨老师主持了实践模型的研制工作；北京开放大学原副校长张铁道老师、北京市海淀区教师进修学校附属实验学校原校长刘卫红老师、华东师范大学闫寒冰教授等，自始至终参与了项目综合组的研究工作，为项目理论框架和实践模型的形成贡献了他们的智慧。

我们还要感谢各项目学科组成员。各位学科组成员根据深度学习的理论框架和实践模型，结合各学科特点，编写学科教学指南，开展学科教学指南的实验工作,进一步验证和丰富了深度学习的理论框架和实践模型。

感谢山东诸城、重庆南岸、广州南沙、成都锦江、深圳福田、重庆涪陵、重庆南川、重庆开州、重庆丰都、江苏常州、山东临沂、浙江宁波、江苏徐州、山东二七一教育集团、郑州高新等实验区及北京市海淀区教师进修学校、北京王府学校对项目研究与实验工作的大力支持与持续探索。各实验区参加实验的教师在当地教育行政部门和相关学校的大力支持下,在教研部门的指导下,边实验边研究,积累了大量的优秀教学案例,并对项目的研究工作提出了诸多建设性意见。

感谢刘月霞副主任、郑葳副教授、郭华教授、罗滨校长、刘卫红校长在百忙之中承担本书各讲的撰写工作。她们在项目前期理论与实践积累的基础上,根据本书定位,结合自身专业智慧,为本书的撰写付出了大量时间和精力。

"深度学习"教学改进项目作为教育部基础教育课程教材发展中心落实学生发展核心素养的重点项目,始终得到中心领导班子的大力支持和指导。田慧生主任作为项目组组长多次听取项目研究情况的汇报并进行专业指导,刘月霞副主任作为项目组副组长直接领导、参与了该项目的研究工作,张国华副主任对项目在实验区的实验以及项目推进的条件保障方面给予了大力支持和指导。各处室同志对项目的研究给予了持续关注,并对各处室对接的实验区的实验给予了大力支持。项目牵头处室教学处的各位同志对项目的研究与实验进行了有效组织与管理。

  我们还要感谢教育科学出版社的有关领导和责任编辑，他们的专业精神与负责态度是本书能够顺利出版的重要保障。特别感谢郑豪杰副社长、教师教育编辑部刘灿主任和池春燕老师，对本书的编写进行了全程指导，提供了许多宝贵的意见和建议。

教育部基础教育课程教材发展中心
课程教材研究所
2018 年 9 月

出 版 人　李　东
策划编辑　刘　灿　池春燕
责任编辑　郑　莉　颜　晴　杨建伟
版式设计　宗沅书装　孙欢欢
责任校对　贾静芳
责任印制　叶小峰

图书在版编目（CIP）数据

深度学习：走向核心素养：理论普及读本/刘月霞，郭华主编；教育部基础教育课程教材发展中心，课程教材研究所组织编写．—北京：教育科学出版社，2018.11（2024.1重印）
（深度学习教学改进丛书/田慧生主编）
ISBN 978-7-5191-1751-1

Ⅰ.①深… Ⅱ.①刘…②郭…③教…④课… Ⅲ.①学习方法 Ⅳ.①G791

中国版本图书馆 CIP 数据核字（2018）第 261759 号

深度学习教学改进丛书
深度学习：走向核心素养（理论普及读本）
SHENDU XUEXI：ZOUXIANG HEXIN SUYANG（LILUN PUJI DUBEN）

出版发行	教育科学出版社			
社　　址	北京·朝阳区安慧北里安园甲9号	市场部电话	010-64989009
邮　　编	100101	编辑部电话	010-64981357
传　　真	010-64891796	网　　址	http://www.esph.com.cn
经　　销	各地新华书店		
制　　作	北京金奥都图文制作中心		
印　　刷	唐山玺诚印务有限公司		
开　　本	720毫米×1020毫米　1/16	版　　次	2018年11月第1版
印　　张	11.25	印　　次	2024年1月第25次印刷
字　　数	136千	定　　价	35.00元

如有印装质量问题，请到所购图书销售部门联系调换。